擒拿入门系列丛书

擒拿基础小功法

刘明亮 著

人民体育出版社

图书在版编目（CIP）数据

擒拿基础小功法 / 刘明亮著. -- 北京：人民体育出版社, 2021（2023.2重印）
（擒拿入门系列丛书）
ISBN 978-7-5009-6013-3

Ⅰ. ①擒… Ⅱ. ①刘… Ⅲ. ①擒拿方法(体育)－基本知识 Ⅳ. ①G852.4

中国版本图书馆CIP数据核字(2021)第039523号

*

人民体育出版社出版发行
国铁印务有限公司印刷
新 华 书 店 经 销

*

710×1000 16开本 13印张 248千字
2021年6月第1版 2023年2月第2次印刷
印数：2,001—4,000册

*

ISBN 978-7-5009-6013-3
定价：52.00元

社址：北京市东城区体育馆路8号（天坛公园东门）
电话：67151482（发行部） 邮编：100061
传真：67151483 邮购：67118491
网址：www.psphpress.com
（购买本社图书，如遇有缺损页可与邮购部联系）

师　序

擒拿一技，是中国武术的瑰宝，是千百年实践的结晶，其道、其理精深奥妙，其法、其术巧变圆活。擒拿的本质内涵充分体现出中国传统优秀文化精髓，其文化价值和精神价值都有着不可替代的作用。

由于门户观念和自身特质等诸多原因，秘而不传的擒拿技理已多有遗失，更加神秘的擒拿功法愈加鲜为人知，在擒拿经典《九重天》中具体的擒拿功法也只有“天吊、地秤、人字桩”这短短七个字的记载。

爱徒明亮生于武术世家，其父刘国良先生是形意拳名家，自幼的严格要求给明亮打下了扎实的武学基础，加之其品行厚重、喜学切问、笃行好研，在擒拿的修炼中进步神速，近几年对擒拿研究也有颇多硕果。

本书内容精简，较为系统地把擒拿功法进行了梳理。可贵之处在于，书中大多数功法都简单实用且随时随地可行，不易受场地、气候等条件限制，其实用性、适用性都较强。希望这本便于坚持、利于提升的精选“作品”能够给武术爱好者提供帮助。

值得一提的还有，为了提升学生的擒拿功力，明亮还组织团队研发了擒拿地秤，并成功申请了擒拿实用新型专利。本书中也简要地列举了几个典型的擒拿地秤功法。

喜有贤徒，其乐融融，可谓人生一大幸事。希望明亮在武学的大道上百尺竿头更进一步，为擒拿、为武术、为中国文化作出更多更大的贡献。也希望华夏武道乘风破浪，扬帆远航，人才辈出。

是为序。

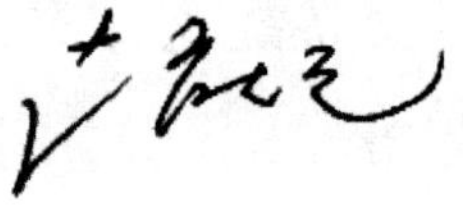

赵大元

2020年12月11日

前言

笔者自幼随家父和叔父习武，又蒙赵大元先生厚爱收为入室传宗弟子。恩师倾囊亲授擒拿理、技、法多年，更悉心指导我出版多部以擒拿技术为主的书籍。虽学艺多年，小有收获，但武学浩瀚，博大精深，仍需不断精进与打磨。习武、笔耕多年，此番撰写这本《擒拿基础小功法》，一是为答谢师恩，二是为弥补当下缺少擒拿功法书籍的遗憾，三是尝试系统搭建擒拿功法体系，以为擒拿爱好者提供参考和借鉴。

本书分为手臂功、眼功、身功、腿功、膝肘功、养息功和养神功七章，系统地阐述了擒拿基础功法。其具体内容有的源于擒拿经典《九重天》的记载及其创新，有的来自恩师赵大元先生和家父刘国良先生的亲身传授，也有一些是与其他武术老师和朋友同仁的交流所得，余下大部分是笔者四十多年来习武的积累和取精，以及二十多年教学实践的总结和创新。

本书主旨是推广随时随地都能练习的擒拿小功法，如快手功中的速手抓球、活手功中的黏控手、硬手功中的指卧撑、养息功中的旋丹功等。为了兼顾系统性，书中也介绍了少许需要使用大棍、大杆、杠铃、格斗绳、地秤等较大器材或耗时较长、较为费力的大功法。擒拿小功法对场地、器材没有特别要求，便于修习，而且，这些简单易行的小功法，既能与实用擒拿技术紧密结合，又能与个人的修身养性相融合，让擒拿功法更加生活化、常态化，也更兼备实效性和实用性，使其真正成为日用防身的法宝和利器，助人做到“随行易学功法妙，擒拿实用巧防身”。这些功法的练习，能够强化身体的薄弱部位，使人更加健康与强壮，并能更娴熟巧妙地运用自己的劲力；使击打和擒控能力大幅提升，协调能力与灵活度有所提高；使消化系统、呼吸系统、免疫系统及神经系统等有所改善，从而逐步提升武德修为，令心境更加开阔。

虽然书中多是简单易学的功法，但若想真正发挥它们的作用，达到所期望的效果，仍需要持之以恒的训练，建议最好选出每周最适合自己的固定时间长期坚持。切记，避免“三天打鱼两天晒网”之陋习。正所谓“念念不忘，必有回响”，让我们用小小擒拿功法的恒常训练，开发出身体潜在的大智慧！

目 录

第一章　手臂功

手臂功是主要锻炼手指和手臂的功法，主要包括训练速度的快手功、追求力量的力手功、强化硬度的硬手功、提升灵活性的活手功和发展感应能力的应手功。

第一节　快手功

快手功通过功法练习达到出手迅捷的目的。武谚中有“唯快不破”的名言。快手功在擒拿功法中的作用是显而易见的，其主要练功方法是通过快速抓握球、棍或细绳等物品练习出手的速度，也可以反复练习常用技术动作，从而提升动作速度和反应速度。常用器材有弹力球、网球、擒拿短棍和气球等。

一、快抓彩线

【器材】在长棍或架子上挂系不同颜色的细线，置于身体前方，高度为1.5 ~ 1.8米。（图1-1-1）

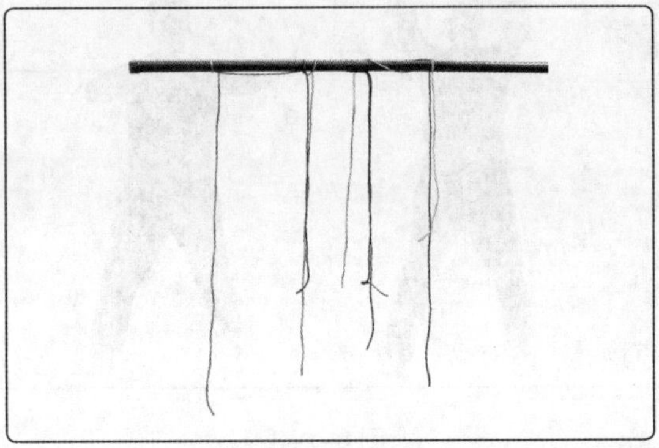

图1-1-1

【预备姿势】立身中正，深呼吸3次，重心微下沉成高马步，气沉丹田，双手握拳屈臂于胸前。

【动作过程】蹬地转腰，手臂快速伸出抓捏不同颜色的线头。每组数量结合自己的体能进行或多或少的调整。细线的数量与间隔也可以根据自己的能力增减。（图1–1–2）

图1–1–2

【收功】慢速起身，两臂侧平举、上举，在头上两手相合后，向下按掌；双手合抱于丹田，男士右手在外，女士左手在外。双眼半闭，身心放松，深呼吸5～10次，功毕。（图1–1–3）

图1–1–3

二、快抓短棍

【器材】约一尺长的擒拿短棍一根。

【预备姿势】高马步，调整呼吸，右手持短棍中部，使短棍垂直于地面（另外一种方式是短棍平行于地面），右臂伸直放于胸前，左手握拳放于左腰侧。

【动作过程】右手松手，短棍下落，快速蹬地转腰，左手在腹前抓握短棍。随后，右手平举短棍于胸前，右手松手，左手抓棍。（图1-1-4）

左右手反复练习。练习时注意身体的协调，出手动作严谨，带有攻防意识，结合自己的体能，调整训练时间。

短棍竖直下落比短棍平行于地面下落要简单，所以先练习抓握竖直下落的短棍为宜。

图1-1-4

【收功】即将收功时，逐渐放慢动作节奏，身体直立，吸气，两臂侧平举、上举，在头上两手相合后，呼气，向下按掌，两臂自然垂于体侧；调节呼吸，深呼吸5～10次，闭眼养神片刻，并步收脚，功毕。（图1-1-5）

图1-1-5

三、快手抓球

【器材】弹力球或者网球，比较平整的地面和墙面。

1. 体前直抓

【预备姿势】立身中正，深呼吸3次，左脚横向跨步，同时，重心下沉成高马步，气沉丹田，左手握球，微屈臂于胸前，右手置于右胯侧。

【动作过程】向地面抛击，当小球回弹时，另外一只手快速从胸前前伸，抓握小球，手臂前后纵向运动时，身体略微左右转动。（图1-1-6）

图1-1-6

【收功】慢速起身，吸气，两臂侧平举、上举，在头上两手相合后，呼气，向下按掌；双手合抱于丹田，男士右手在外，女士左手在外。闭目静心，面带微笑，深呼吸5～10次，功毕。（图1-1-7）

图1-1-7

2. 体前横抓

【预备姿势】同“体前直抓”。

【动作过程】向地面抛击，当小球回弹时，蹬地转腰，手臂左右横向运动抓住小球。抓球时，注意身体的协调，抓球手臂的活动范围不可太大，要快出快回。初练此功法时，投掷小球可以小力慢速，也可以等小球弹起到最高点之后再下落时伸手抓握。待功力增加后，可以加大投掷的力度，也可以在球向上运动时直接抓握。（图1-1-8）

【收功】同“体前直抓”。

图1-1-8

3. 掷墙接球

【预备姿势】同“体前直抓”。

【动作过程】一手由下向前上快速摆臂将手中弹力球投掷到前面的墙上，小球快速弹回，另一手快速伸出抓捏飞回来的小球。每次抓捏小球时，要注意蹬地、转腰、侧身，以快速出拳的方式抓握弹力球，身体重心尽量不做上下的浮动，步法可以前后左右移换。每组数量结合自己的体能可多可少。小球的回来方向和速率也可以根据自己的能力改变和增减。（图1–1–9）

【收功】同“体前直抓”。

图1–1–9

四、快抓气球嘴

【器材】充气气球，气球最好是圆形或椭圆形的。

【预备姿势】立身中正，调整呼吸，高马步或随意步型。

【动作过程】用手轻轻将气球抛起，身形随气球移动，快速伸手抓捏球嘴，抓住后，再将气球抛出，身体随气球快速移动，换手继续抓捏气球嘴。（图1–1–10）

如果抓球嘴比较困难，可以在球嘴处系上彩色的短绳，抓短绳的动作难度相对较低。

身体协调，出手动作严谨，攻防严密，根据自己的体能确定训练时间和次数。

【收功】同“体前直抓”。

图1-1-10

五、快速空击

1. 双手空抓

【预备姿势】立身中正，深呼吸3次，左脚横向跨步，重心下沉成高马步，双手握拳于腰侧，拳心向上；气沉丹田。

【动作过程】两臂伸直，双手前伸成立掌，手指向上，手指以最快的速度做5～10次抓握；手臂回收，放松3～10秒后，进行第二组抓握，共做3组。（图1-1-11）

【收功】同“体前直抓”。

图1-1-11

2. 接手空刁

【预备姿势】前后步站立，双手握拳屈臂于胸前，成警戒格斗姿势，气沉丹田。

【动作过程】假想身前敌人重拳击打我头部，我右手向前接手并快速旋翻，手心向下，变成刁手手型，快速回拉；左手横掌向前击打，同时身体向右转身约90°。随后左脚蹬地，重心向左侧移动，双手快速还原成预备姿势。10次为一组，练习3～8组。（图1–1–12）

【收功】同“体前直抓”。

图1–1–12

3. 刁旋崩摔

【预备姿势】警戒格斗姿势。

【动作过程】假想对方右直拳击我头部，我右手从右肩向斜前掤出，横掌，力达小鱼际，左手紧随右手后；右手达到眉眼高度时，快速顺时针翻掌，掌型如钩，向右下拉拽；同时左手横掌向前横切。随后，左脚左斜前上一步，身体右转约90°，重心向右脚快速移动，左脚用力崩弹。（图1–1–13）

【收功】同“体前直抓”。

图1–1–13

4. 豹形手

【预备姿势】警戒格斗姿势。

【动作过程】假想对方右直拳击我头部，我左脚向左斜前上一步，同时左手向右斜前推压，掌心向右斜前，控制对方右手臂；随即右手顺时针在胸、面部前画平圆，横向击打对方下颌，力达掌根。10次为一组，共做3～5组，再换左侧的豹形手练习。（图1–1–14）

【收功】同“体前直抓”。

图1–1–14

5. 撩阴掌

【预备姿势】警戒格斗姿势。

【动作过程】假想对方右直拳击我头部，我左手向右斜前推压，上体向左外侧闪躲，右手从上向下再向前撩击对方下阴部；随即，右手抓握，并旋翻向后拉拽，同时，左手横掌向前横切，身体右转约90°，重心向右脚快速移动，左腿用力崩弹。（图1-1-15）

【收功】同“体前直抓”。

图1-1-15

注： 以上空抓、空刁、豹形手等动作，都应该在保证动作质量的基础上逐渐加快速度，使动作越熟练越好。实战空击的擒拿手法很多，比如，有龙盘手、蛇缠手、撩阴掌等基本手法，也可以练习自己常用的或者喜欢的具体技术动作，如“横打铁门闩”“湘子挎篮”等。

第二节　力手功

力手功的主要目的是增加手指、手臂的力量。成语中有“一力降十会”的说法，说明力量的功法训练是非常重要的。主要练功器材一般为擒拿短棍、药球、握力器、弹力带等便捷的小器材。具体方法很多，有不依靠器材的，也有使用方便携带的小器材的，还有使用较大器材的。本节主要介绍小器材的练功方法。

一、擒拿短棍和竹束练习

【器材】擒拿短棍、擒拿竹束。

1. 快推短棍

【预备姿势】马步或者三体式，调整呼吸，左右手各持短棍底部，一前一后放于胸前。注意：大指竖直放置于短棍后面，指尖微扣，向前用力时，拇指尖用力。

【动作过程】丹田用力，左右转腰，后手向前快速推出，达到最前端时，大拇指尖前顶，其余四指向后用力，使得短棍上端向前快速打出，短棍基本和手臂持平，同时前手回收，短棍竖直放置于同侧胸前或者肩前。左右手交替练习。（图1-2-1）

图1-2-1

注：身体的协调，动作严谨，带有攻防意识，结合自己的体能，训练时间一般不可太长，10～60秒为宜，以计时数、次数的形式均可，主要是训练快速出拳和手指快速用力的能力。

【收功】收功时，身体慢速站直，从上臂到手指依次用短棍轻轻敲打手臂肌肉，还可以敲打肝经、胆经等经脉，放松心情，面带微笑，深呼吸5～10次，功毕。

2. 旋拧竹束

【预备姿势】高马步或者三体式，调整呼吸，左右手持擒拿竹束两端，注意两手虎口相对，水平置于胸前。

【动作过程】丹田用力，左手握住竹束不动，右肩右胯相合，右手向内、向上、向外用力旋拧竹束，身体随右手的旋拧而转体约90°，右手手心向上时，右手向内、向下、向外原路线旋拧，回到起始姿势；随即，左手重复旋拧竹束，动作方向相反。（图1–2–2）

图1–2–2

注：身体协调，配合一手的旋拧用力，有一定幅度；另外一只手要适当握紧，以增加旋拧的难度。带有攻防意识，结合自己的体能，训练时间一般不可太长，以计时间或次数的形式为宜，该功法主要是训练手臂旋拧（正反两个方向）对方手臂时大小肌肉群协同用力的能力。擒拿竹束是圆珠笔芯粗细的竹条缠裹成束的擒拿专用功法器材，有一定韧性，与人体手臂相似，主要用于身体放松、排打、提升旋拧功力的练习。

【收功】同“快推短棍”。

3. 推拉短棍

【预备姿势】坐姿，擒拿短棍直立，用大腿将其下端固定，调整呼吸。

【动作过程】右手握短棍的中下部前推，同时左手握于上端回拉，两手形成合力，使短棍底端克服两大腿的夹力而挑出。5 ~ 10次为一组，练习3 ~ 5组。两手交换位置反复练习。（图1–2–3）

【收功】同“快推短棍”。

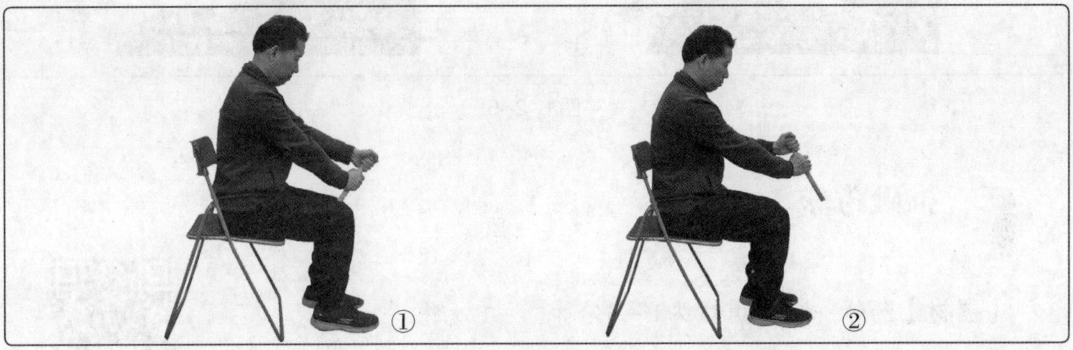

图1–2–3

二、快抓握力器

【器材】橡胶握力器两个。

【预备姿势】站姿、坐姿、卧姿皆可。

【动作过程】手指以最快的速度做5 ~ 10次抓握橡胶握力器，放松3 ~ 10秒后，进行下一组抓握。或选择阻力较大的握力器，以最大力量抓握。待手臂酸胀难忍时，进行收功练习。（图1–2–4）

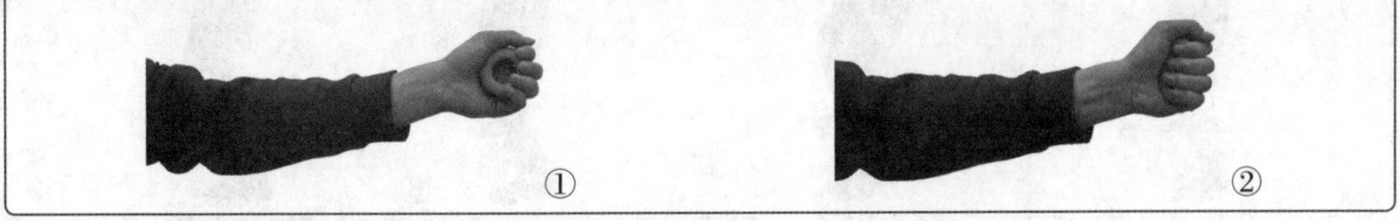

图1–2–4

注： 擒拿技术非常强调手指的力量，所以练习此功法时，最好用手指尖抓握握力器。

【收功】 用一只手捏揉另一只手臂和手指，然后双手交换，放松身心，功毕。（图1-2-5）

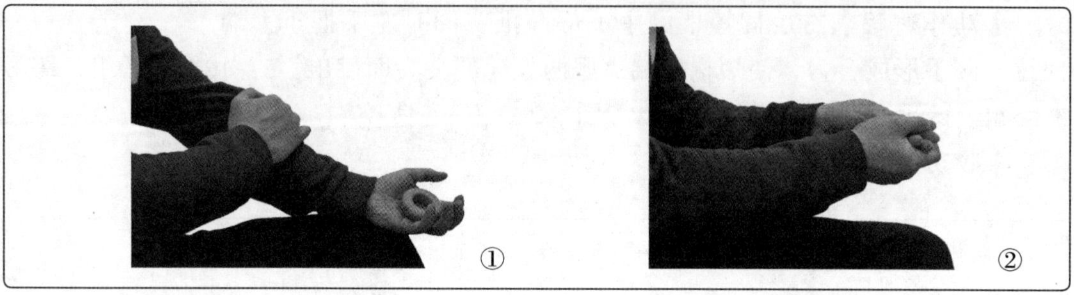

图1-2-5

三、推砸药球

【器材】 药球一个，重量为1～3公斤。

1. 倒“6”直推

【预备姿势】 站立姿势，两膝微屈，屈臂，双手抱住药球。

【动作过程】 吸气，双手掌用力夹住药球，合腰敛髋，顺势回收药球，重心微下沉，药球在腹前画弧线，再顺势快速向前推出。整个动作轨迹是在胸腹前画平倒的“6”字型循环进行。（图1-2-6）

【收功】 放下药球，身体缓慢站直，闭目静心，从头到脚，用意识扫描身体5～10次，功毕。

图1-2-6

2. 合身下砸

【预备姿势】同“倒‘6’直推”。

【动作过程】双手高举药球，含胸收腹，猛力向地面砸击药球，待药球反弹后，双手接住，再顺势上举药球，进行下一个循环练习。可以原地练习，也可以一砸一上步，多次重复该动作。（图1–2–7）

【收功】同“倒‘6’直推”。

图1–2–7

3. 推球撞墙

【预备姿势】同“倒‘6’直推”。

【动作过程】两臂快速前伸，将药球向正上方墙面推击，同时快速呼气，待球反弹回时，双手顺势接住并缓冲，药球在腹前画弧线，顺势快速向前推出，循环进行。次数和组数根据自己的需要和体能而定。（图1–2–8）

【收功】同“倒‘6’直推”。

图1-2-8

4. 药球压指

【预备姿势】同“倒‘6’直推”。

【动作过程】双手旋转药球，使药球依次下压右手的小指、无名指、中指、食指到拇指，同时右转身约90°，双手使药球从腹前到右肩侧；随后，右手向腹前推压药球，依次下压左手各指，向左侧重复动作。（图1-2-9）

【收功】同“倒‘6’直推”。

图1-2-9

四、擒拿弹力带练习

【器材】35～50磅的弹力带，弹力带的磅数可以根据自己的练习目的和力量来选择。（表1）

表1　选择弹力带的人群对应表

人群	磅数	公斤数
大众女士	15～25	7～11
专业训练女士	25～35	11～16
大众男士	35～55	16～25
专业训练男士	55～72	25～33

注：1磅≈0.45公斤。

1. 马步提拉

【预备姿势】根据各个动作做相应调整。双脚开立与肩同宽，踩在弹力带上，双手指尖抠住弹力带中部，屈膝半蹲，上体正直，撅臀塌腰，使弹力带处于微绷状态。

【动作过程】上体保持不动，两臂屈肘快速上提，双手接近肩部，动作微停，然后缓慢放松弹力带，回到原处。8～10次为一组，练习3～5组。（图1–2–10）

【收功】将弹力带放于地上，身体站直，用手指捏揉手臂肌肉。两眼微闭，面带微笑，静心深呼吸5～10次。

图1–2–10

2. 旋拧麻花

【预备姿势】将弹力带折成四折，一只脚踩住弹力带一端，右手握住弹力带另一端。

【动作过程】右手顺时针旋拧弹力带，左手固定不使橡胶带回旋，右手不断旋拧，使弹力带成为麻花形状，待到无法旋拧后，放松弹力带，再进行下一组的练习。一般左右手各练习3～5组。（图1–2–11）

【收功】同“马步提拉”。

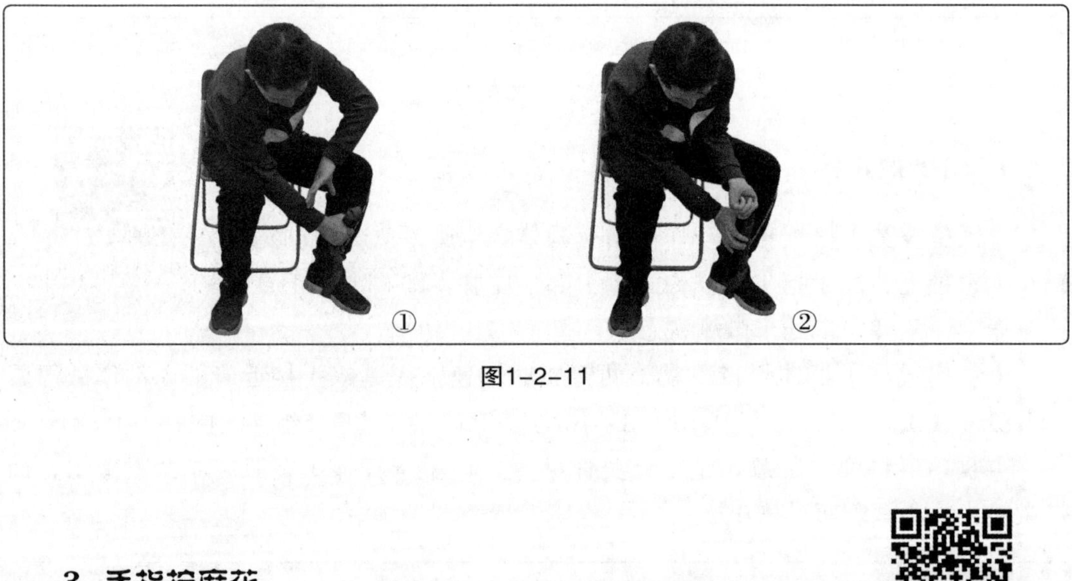

图1–2–11

3. 手指拧麻花

【预备姿势】将弹力带折成四折，一只脚踩住弹力带一端。

【动作过程】右手食指和无名指勾住弹力带逆时针旋拧，左手固定不使弹力带回旋，右手指继续旋拧，使弹力带成为麻花形状，待到不能旋拧后，放松弹力带，再进行下一组的练习。一般左右手各练习3～5组。（图1–2–12）

【收功】同“马步提拉”。

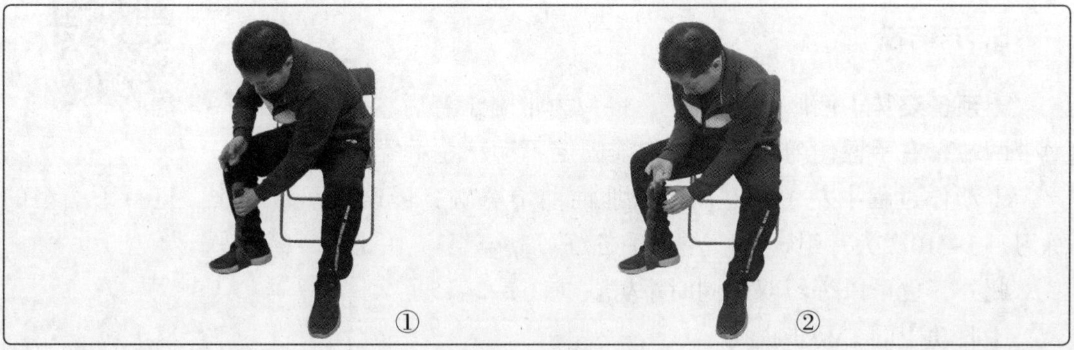

图1-2-12

4. 钻拳接手

【预备姿势】两脚前后开立，将弹力带附于背后固定，双手握住弹力带两端。

【动作过程】前脚上步，同时向前打出钻拳（双手握拳，拳心向上，斜上方出拳）。（图1-2-13）

【收功】同“马步提拉”。

图1-2-13

5. 下劈拳

【预备姿势】两脚前后开立，将弹力带附于背后，双手握住弹力带两端，右手握住弹力带置于胸前固定不动，左手置于左肩上。

【动作过程】左手从左肩上快速向前下劈砸，慢速收回，放松，进行下一组的练习。5～10次为一组，一般左右手各练习3～5组。（图1-2-14）

此外，也可以练习双手同时下劈。（图1-2-15）

【收功】同“马步提拉”。

图1-2-14

图1-2-15

五、短棍加弹力带练习

【器材】短棍、弹力带、粗绳、砖头、杠铃片等重物。

1. 旋转弹力带

【预备姿势】短棍中间缠绕弹力带，弹力带另一端用单脚或者双脚踩住固定，两臂远伸，双手正握或反握短棍两端。

【动作过程】将弹力带拉紧，双手交替用力向前或向后旋拧短棍，利用弹力带的弹性练习手臂旋拧的力量。（图1–2–16）

【收功】将弹力带放于地上，用手指捏揉手臂肌肉，身体站直，双眼微闭，面带微笑，静心深呼吸5～10次，功毕。

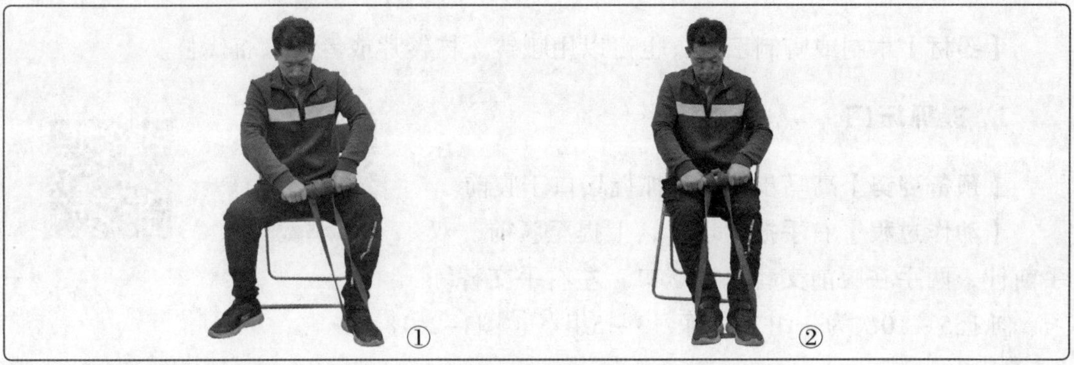

图1–2–16

2. 旋提重物

【预备姿势】短棍中间缠绕绳子，绳子另一端固定砖头、杠铃片等重物，两臂远伸，双手正握或反握短棍两端。

【动作过程】双手交替用力向前或向后旋拧短棍，将重物提到一定高度后再反方向旋拧，然后将其缓慢降落。5～10次为一组，共练习3～5组。（图1–2–17）

【收功】同“旋转弹力带”。

图1-2-17

六、坛子功

【器材】木制或陶制坛子，也可以用哑铃、杠铃片或者大水瓶代替。

1. 提抓坛口

【预备姿势】高马步，右手抓握坛口于腹前。

【动作过程】右手抓握坛口，上提至腹前，双手前伸，两手在腹前交替抓握坛口，左右手交替练习。抓握5～10次为一组，共练习3～5组。（图1-2-18）

图1-2-18

【收功】坛子放置于地面上，慢速起身，吸气，两臂侧平举、上举，在头上双手相合后，呼气，向下按掌；双手自然下垂。面带微笑，静心深呼吸5～10次，功毕。（图1-2-19）

图1-2-19

2. 抓拧坛子

【预备姿势】高马步，双手自然垂放于胯侧。

【动作过程】右手抓握坛子口上提至腹前，右臂外旋，使坛子画弧形向身前推出，然后原路线回到腹前。左右手交替练习。5～10次为一组，共练习3～5组。（图1-2-20）

【收功】同“提抓坛口”。

图1-2-20

3. 捏提杠铃片

【预备姿势】高马步，左手抓住两个杠铃片（光滑面朝外），捏在一起，防止脱落。

【动作过程】左手做快速上提动作，达到胸前高度时，左右手互换。慢速下放，至大腿高度时，再次快速上提，重复做该动作。5～10次为一组，练习3～5组。先以5磅或10磅的杠铃片开始，逐渐增加重量。（图1–2–21）

【收功】将杠铃片放于地上，身体站直，用手指捏揉手臂肌肉；双眼微闭，面带微笑，深呼吸5～10次，功毕。

图1–2–21

4．提抓哑铃

【预备姿势】高马步，右手手指提抓哑铃一端，置于腹前约两尺距离。

【动作过程】右手向上提拉后松手，不等哑铃落地，左手快速伸出抓握哑铃，重复练习。次数与组数根据自身情况和哑铃重量来决定。（图1–2–22）

【收功】同“捏提杠铃片”。

图1–2–22

七、系解绳结

【器材】手指粗细的绳子或弹力带。

【预备姿势】坐姿、站姿皆可。

【动作过程】选择粗细适度的弹力带或绳子，将弹力带或绳子系成马林扣，松紧适度，再用手指将扣解开，反复练习。（图1-2-23）

【收功】用手捏揉手臂肌肉，达到放松效果，深呼吸5～10次，功毕。

图1-2-23

特别提示：练习快手功和力手功时，想要有效地提升速度和力量应该密切关注负荷。

实验和实践表明，只有最大负荷与最快速度相结合的练习方法才能最好地发展肌肉爆发力。在一组最大负荷力量练习后，紧接着进行一至几次中、小负荷最快速练习，再进行几次快速徒手练习，会使人体产生一种非常轻快的感觉，并在轻负荷练习中获得比一般只做徒手练习快得多的动作速度，此速度被称为“超快速度”。根据爆发力的生理机制，“最大负荷+最快速度”的爆发力组合练习会产生一种意想不到的最佳训练效果。最大力量练习的主要作用是，刺激运动中枢神经使其达到最佳的兴奋状态，接通所有必要的运动神经通路，动员尽可能多的肌纤维，使人体具备强大爆发力。紧接其后的中、小负荷快速运动，刺激身体保持在最佳兴奋状态，再经几次快速徒手练习，将爆发力快速释放出来。最大负荷和中、小负荷快速练习，再加快速徒手练习，在爆发力训练中是缺一不可的，否则，无法建立快速爆发用力的动力定型。

第三节　硬手功

硬手功分为徒手硬手功和器材硬手功，其主要目的是通过功法练习，提高手指的硬度。在实用擒拿中，手指的利用率非常高，手指必须具有一定的硬度，才能更好地完成实用擒拿技术。擒拿中常把手指叫作“黄金指”或“金刚指”，可见手指和手指硬度的重要性。硬手功主要有撅指、旋指、指卧撑，还有利用握力器、手串、手棍、沙包等器材的功法。

一、徒手硬手功

1. 撅指

【预备姿势】站姿、坐姿、卧姿皆可。

【动作过程】用一只手掌抓握另一只手的全部手指向反关节方向撅扳，也可抓握一个或两个手指向反关节方向撅扳。注意在撅手指时，被撅的手指尖部要向下用力，也就是手指微屈，使受力点在指尖部。练习一定时间后，甩手进行放松，再进行下一组练习，时间和组数根据自身情况而定。（图1-3-1）

【收功】身体站直，用手指捏揉手臂肌肉；双眼微闭，面带微笑，深呼吸5～10次，功毕。

①　②　③

图1-3-1

2. 旋指

【预备姿势】站姿、坐姿、卧姿皆可。

【动作过程】用一只手掌抓握另一只手的全部手指进行左右旋拧，也可抓握一个或两个手指进行左右旋拧，或双手的同名手指（中指或无名指）互勾，两手向相反方向用力旋拧手指。练习一定时间后，甩手进行放松，再进行下一组练习，时间和组数根据自身情况而定。（图1-3-2）

【收功】同“撅指”。

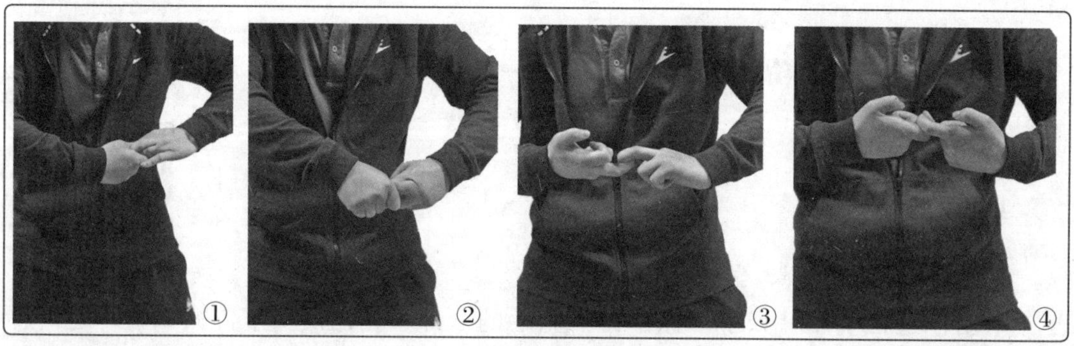

图1-3-2

3. 手指撑地

【预备姿势】坐在长凳上，两手在两大腿外侧用手指撑在凳子面上。

【动作过程】用手指尖撑在大腿两侧的凳子面上，手臂伸直，尽可能把上体和臀部离开凳子面。注意一开始训练时，不要刻意用力把身体撑离凳子面，待手指力量增长到一定程度后，会自然轻松地撑起身体。另外，初学者可以先采用手指肚撑地的练习方法，待手指力量增长后，再采用手指尖撑地的方法。根据自身情况，每组坚持到力竭，按摩放松手指后进行下一组的练习。（图1-3-3）

【收功】同“撅指”。

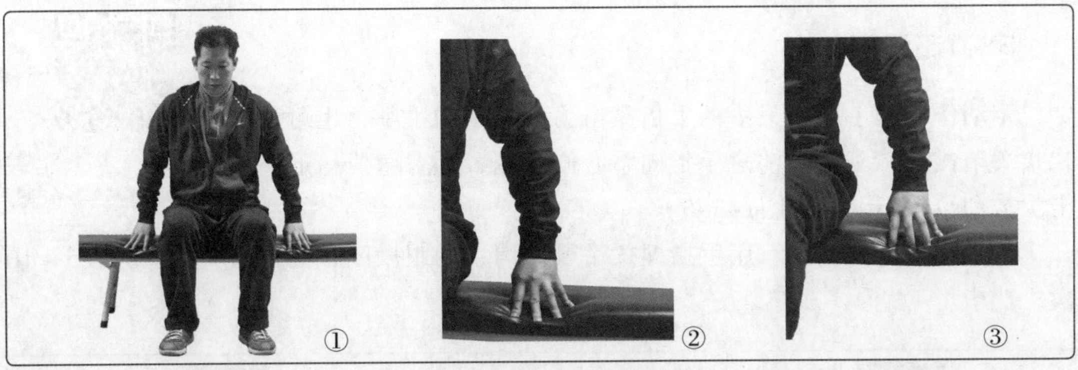

图1-3-3

4. 指卧撑

【预备姿势】身体俯卧在垫子上，两臂与肩同宽，手指尖撑地。

【动作过程】两臂伸直、屈曲，做手指尖撑地的俯卧撑。

根据自身情况，选择难易适度的指卧撑，如凳上斜式俯卧撑、跪姿俯卧撑难度不大，易于完成。20～40个为一组，按摩放松手指后再进行下一组的练习，可练习3～5组。（图1-3-4）

【收功】同“撅指”。

图1-3-4

5. 戳击手掌

【动作过程】用一只手的手指戳击另一只手的手掌，也可用第二指关节戳击。戳击时注意手指向掌心侧微屈，手背微成弓形，戳击次数和组数不限。（图1–3–5）

【收功】身体站直，用手指捏揉手臂肌肉；两眼微闭，面带微笑，深呼吸5～10次，功毕。

图1–3–5

6. 砍切经穴

【动作过程】用一只手的小鱼际砍切另一只手的手掌，或砍切大腿外侧的胆经或足三里穴。砍切时，注意手指微弯曲，手背成弓形，砍切次数不限。（图1–3–6）

【收功】同“戳击手掌”。

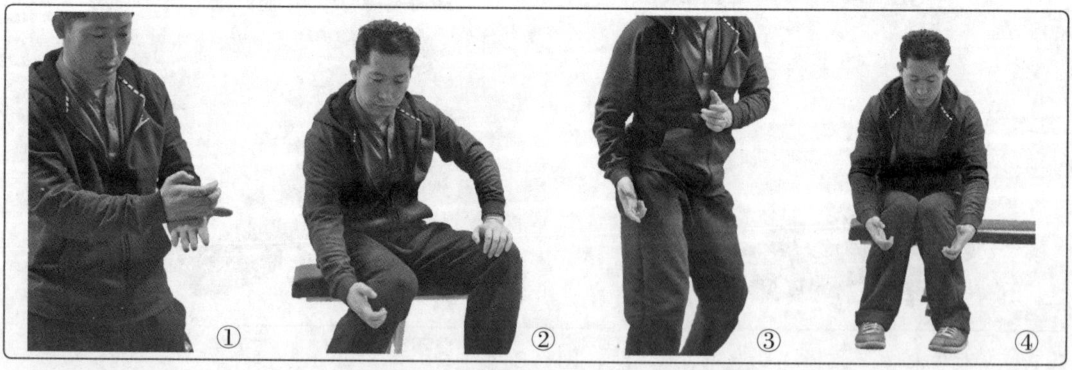

图1–3–6

7. 掌根推击

【动作过程】用一只手的掌根推击另一只手的掌根或两掌根互击。推击时注意有一定的加速度，推击次数和组数不限。（图1–3–7）

【收功】同“戳击手掌”。

图1–3–7

8. 击打肘窝或穴位

【动作过程】用一只手的大拇指的指关节或其余四指的掌指关节击打手肘窝或对侧大腿内侧的阴陵泉穴。（图1–3–8）

【收功】同“戳击手掌”。

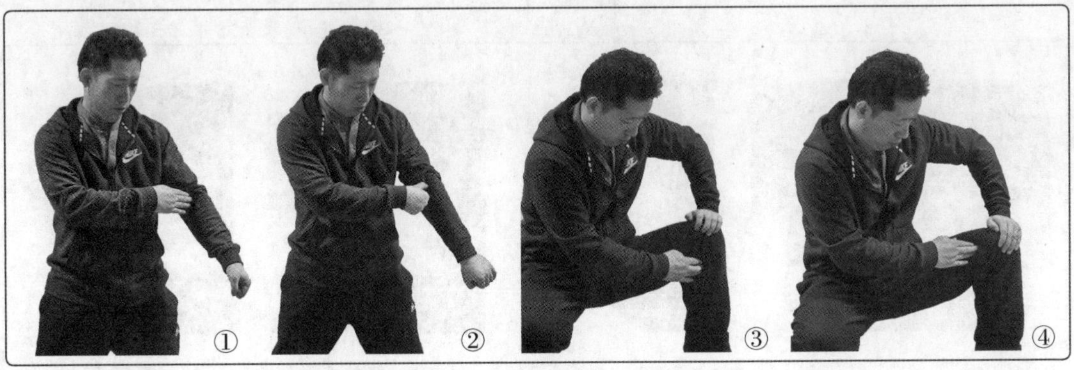

图1–3–8

二、器材硬手功

【器材】橡胶握力器、手串、手把件、手棍、沙包等。

（一）橡胶握力器练习

1. 指握胶圈

【动作过程】选择硬度适合自己的橡胶握力器，用手指尖勾握橡胶握力器，主要练习手指的回勾力和指硬度。8～10次为一组，练习3～5组。（图1–3–9）

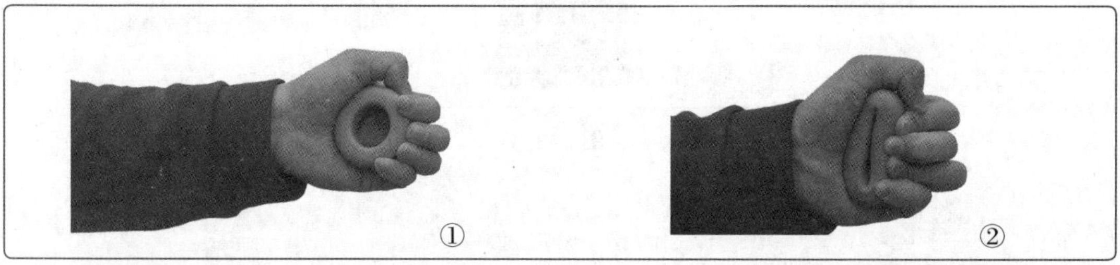

图1–3–9

2. 勾拉胶圈

【动作过程】两手指勾住橡胶握力器内壁两侧，双手同时向左右拉拽，也可以单个手指拉拽橡胶圈。8～10次为一组，练习3～5组。（图1–3–10）

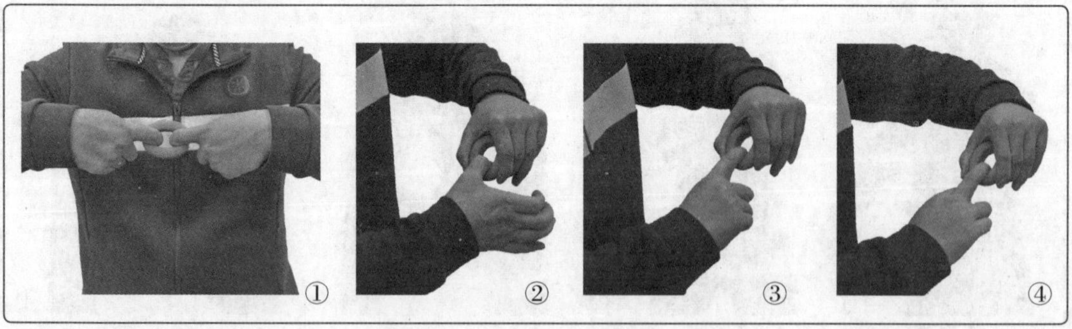

图1–3–10

3. 拧旋“8”字

【动作过程】用两手大拇指和食指往相反方向旋拧橡胶握力器使之成“8”字型。8～10次为一组，练习3～5组。（图1-3-11）

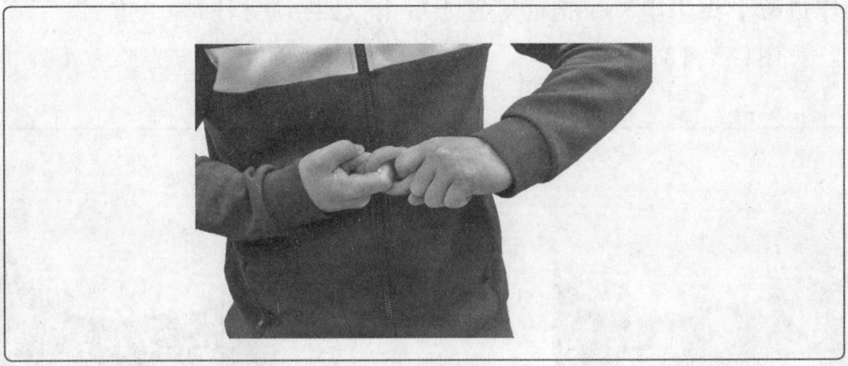

图1-3-11

4. 掐捏一字

【动作过程】用大拇指、食指和中指掐捏橡胶握力器的上下两侧，使圆形的橡胶握力器成“一”字型。8～10次为一组，练习3～5组。（图1-3-12）

【收功】身体站直，用手指捏揉手臂肌肉；双眼微闭，面带微笑，深呼吸5～10次，功毕。

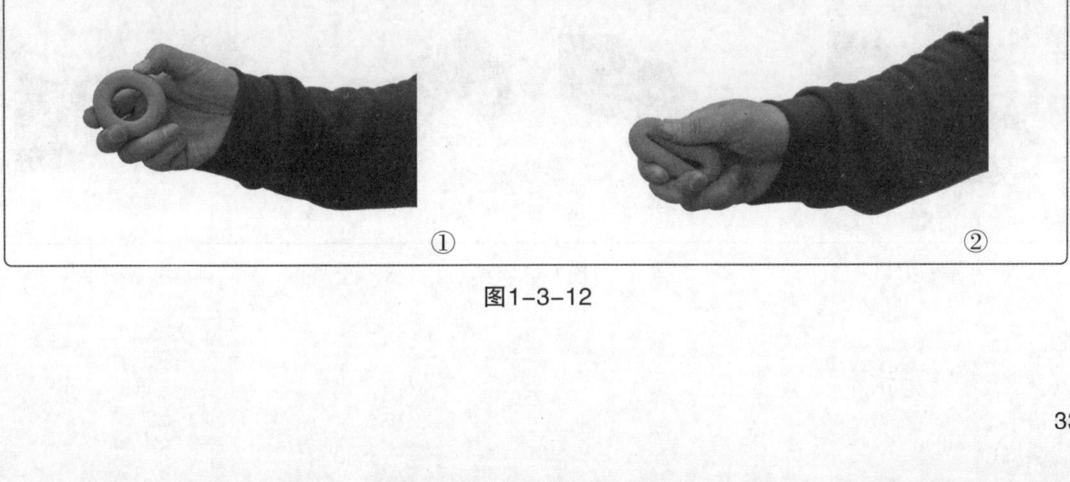

①　②

图1-3-12

（二）手串和手把件练习

1. 勾握手串

【动作过程】将手串、手把件等置于手中，四指屈指回握，重复该动作。（图1-3-13）

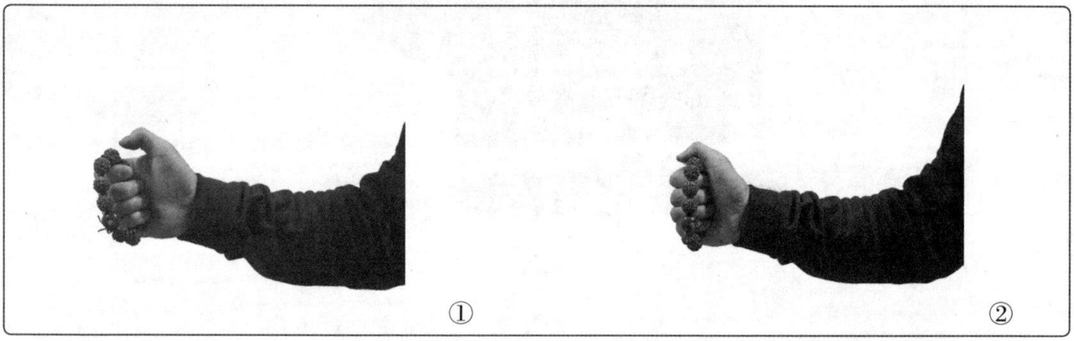

图1-3-13

2. 搓勾把件

【动作过程】将手串、手把件等置于手中，大指向前搓推，同时食指回勾，两手指形成合力。（图1-3-14）

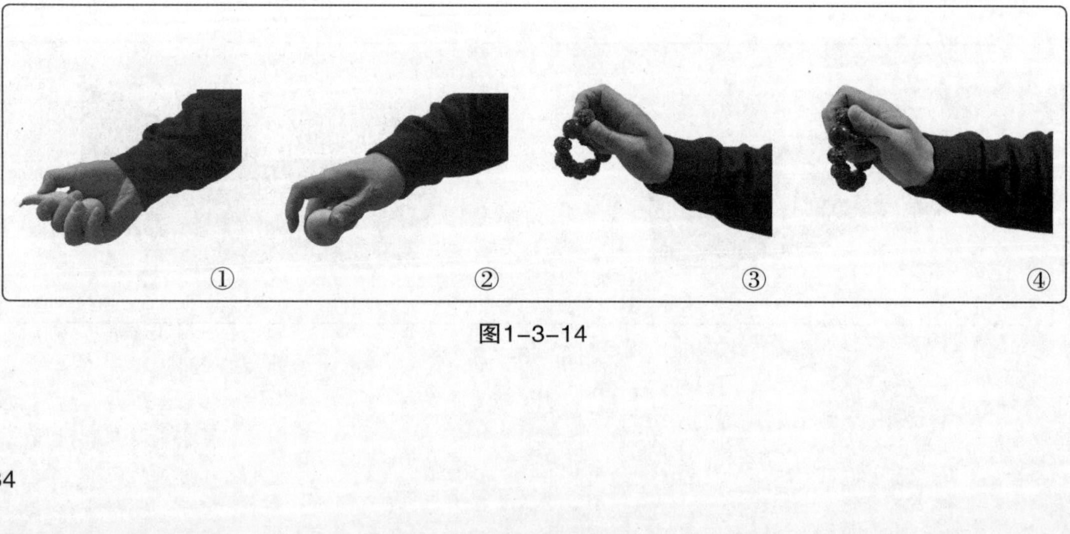

图1-3-14

3. 扳压手串

【动作过程】将手串等置于手中，大拇指向后扣扳，再向下点压，依次进行。（图1–3–15）

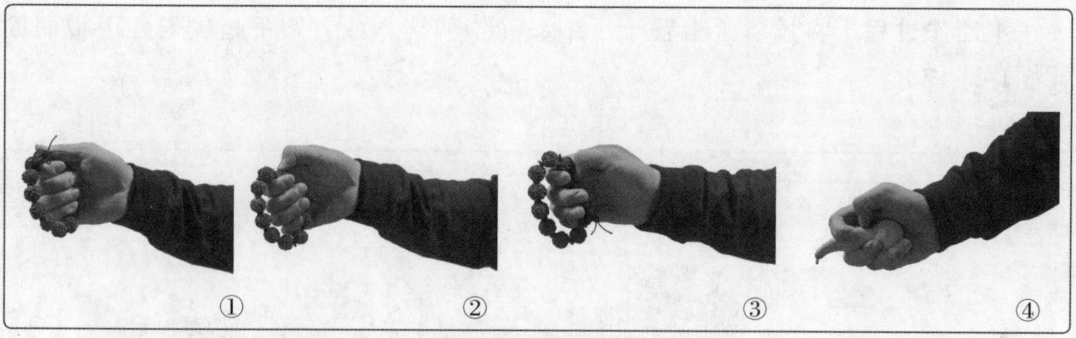

图1–3–15

4. 顶压葫芦

【动作过程】将葫芦等置于手中，大拇指向前顶，再向下点压。（图1–3–16）

【收功】同“橡胶握力器练习”。

图1–3–16

（三）擒拿手棍练习

1. 勾握手棍

【动作过程】将擒拿手棍置于手中，屈指回握，或者用手指尖勾住手棍回握（图1–3–17）。

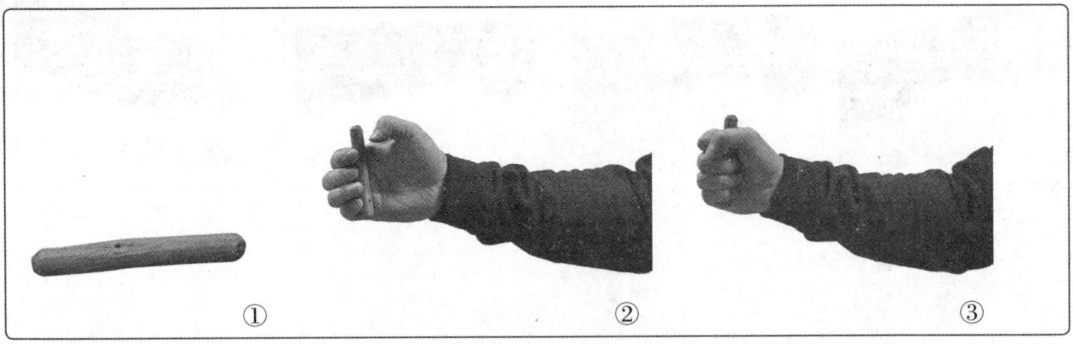

图1–3–17

2. 搓勾手棍

【动作过程】将手棍置于手中，大拇指向前推搓，同时其余四指回勾，形成合力。（图1–3–18）

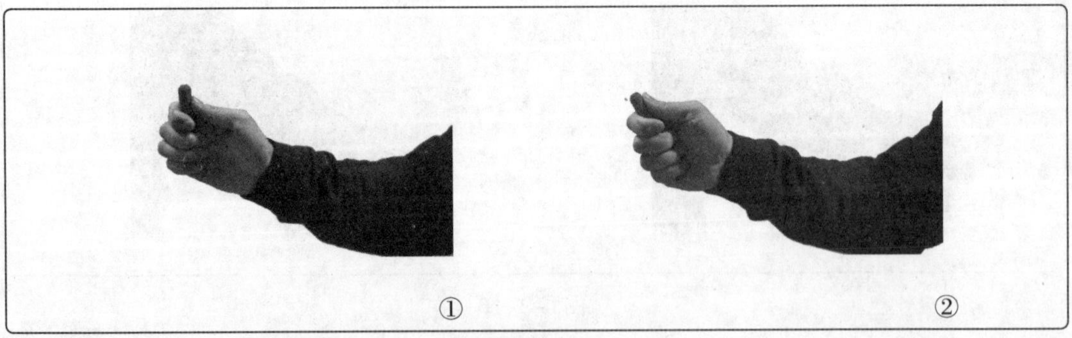

图1–3–18

3. 推扳手棍

【动作过程】将手棍置于手中，大指和小指在手棍的内侧，其余三指在手棍的外侧，大指和小指前推，其余三指回扳，形成合力。（图1-3-19）

以上的功法所使用的器材都比较小，方便携带，方便武者随时随地练功，组数和次数可以根据自己的实际情况而定。

【收功】同“手串和手把件练习”。

①　②

图1-3-19

（四）戳切沙包

【器材】沙包为擒拿功法的专用器材，使用结实且软质的面料，内装细沙，为便于使用，多为长方形或者正方形，体积适当。

【预备姿势】跪姿、坐姿或站姿皆可。

1. 指戳沙包

【动作过程】用一只手的手指戳击沙包，或用第二指关节戳击，戳击时注意手指向掌心侧微屈，手背成小弓形，戳击次数不限。（图1-3-20）

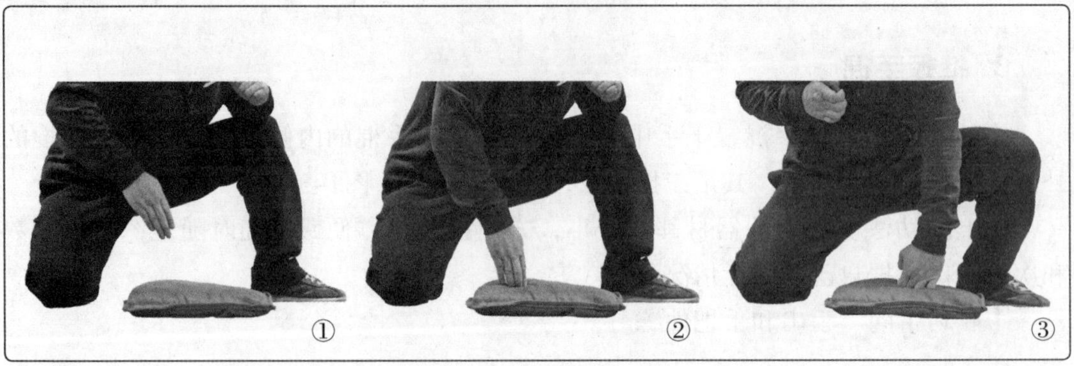

图1-3-20

2. 砍切沙包

【动作过程】用一只手的小鱼际砍切沙包。砍切时注意手指微屈，手背微弯曲成弓形，砍切次数不限。（图1-3-21）

【收功】用一手揉捏另一手的手指，双眼微闭，面带微笑，静心深呼吸5~10次。

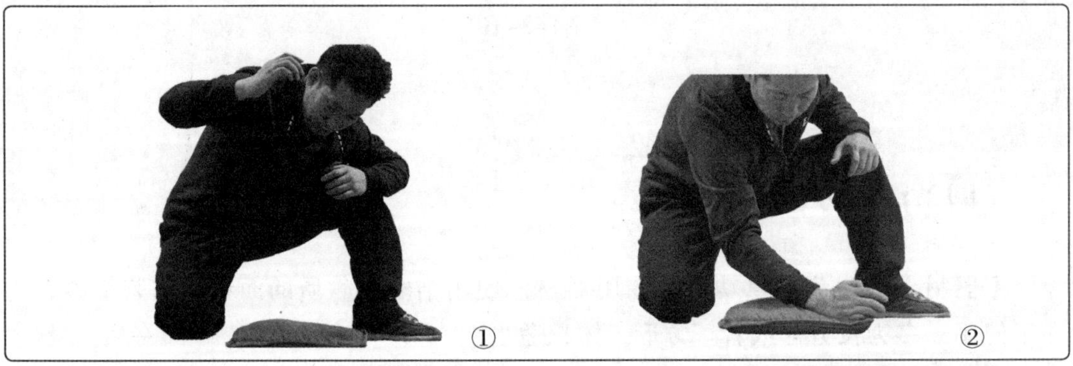

图1-3-21

（五）抓握指力器

【器材】指力器为医用康复器材，可以用于擒拿的指力训练。

【动作过程】一只手用手指尖扣住指力器的指环，单指用力或多指用力抓握，次数根据自己的实际情况灵活选择。（图1-3-22）

【收功】用一手揉捏另一手的手指，双眼微闭，面带微笑，静心深呼吸5~10次。

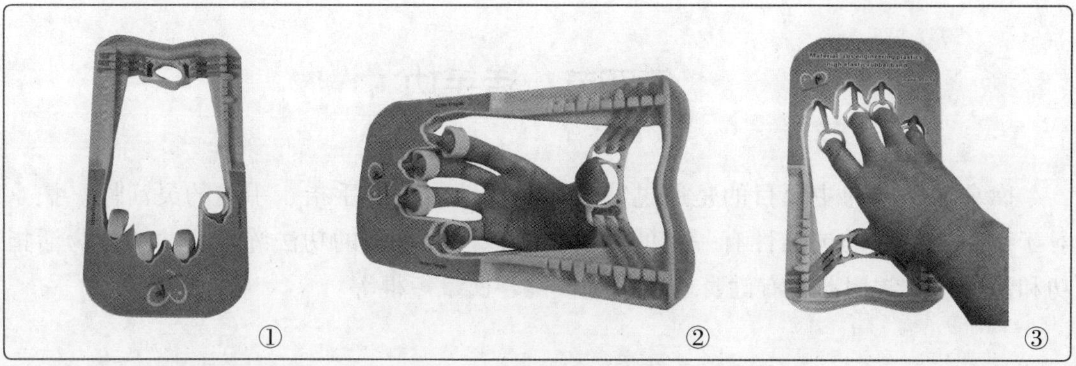

图1-3-22

（六）指吊门框或单杠

【器材】居家型单杠种类较多，可选择免打孔伸缩型单杠。

【动作过程】用双手手指第一指关节或第一、二指关节，搭扣在桌边、床沿、门框或者单杆上（居家型单杠的使用效果非常好），身体下沉，用身体的重量锻炼手指力量。根据自身情况掌控练习时间和组数。（图1-3-23）

【收功】先甩手，放松手指，再捏揉手部关节、肌肉；双眼微闭，面带微笑，静心深呼吸5～10次，功毕。

图1-3-23

第四节　活手功

擒拿活手功的主要目的是通过特定的功法练习提高手指、手腕的灵活性。擒拿对于手指、手腕的灵活性有一定的要求，所以需要单独的功法练习，功法分为活指功和活腕功。常用器材有健身球、文玩核桃、擒拿短棍等。

一、活指功

【**器材**】健身球、文玩核桃、擒拿短棍。

1. 滚转核桃

【**动作过程**】手指使核桃在手掌中做逆时针或顺时针滚转，循环不停。每组数量和组数自定，可以双手同时进行。（图1-4-1）

图1-4-1

2. 滚转健身球

【动作过程】左右手各握2枚健身球，逆时针或顺时针旋转，待熟练后可将健身球加至3～4枚，用3枚时可以顺时针或逆时针旋转，也可以不定方向交替旋转。（图1-4-2）

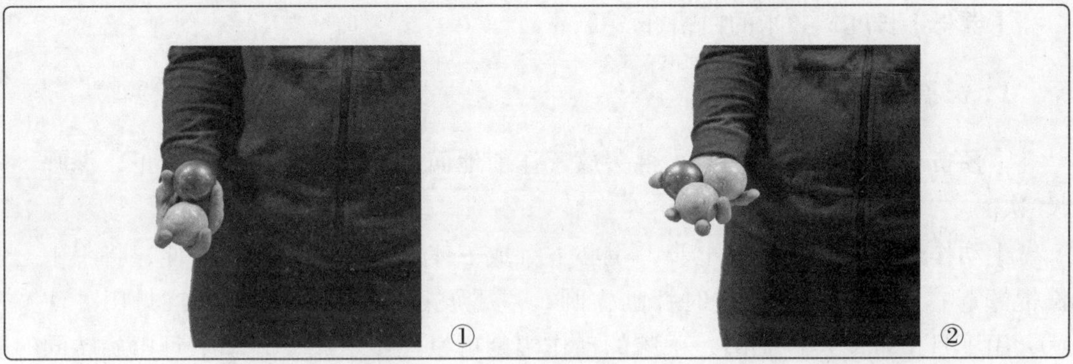

图1-4-2

3. 旋转短棍

【动作过程】单手手指上托一根一尺左右的擒拿短棍，手指活动使得短棍在手指上做顺时针或逆时针的转动。速度由慢到快，数量和组数可以根据自己的实际情况而定。（图1-4-3）

【收功】用一手指揉捏另一手的手指；双眼微闭，面带微笑，静心深呼吸5～10次，功毕。

图1-4-3

二、活腕功

【器材】长度1～2米的白蜡杆。

1. 长棍画圆

【预备姿势】右手持棍尾，棍头放于体前地面上，高马步，立身中正，深呼吸3次。

【动作过程】左脚向前上步，重心下沉成三体式，同时，右臂前伸，将手中长棍翘起在空中顺时针或逆时针画立圆；左手放于丹田处，感受气沉丹田。注意，用下丹田带动长棍画圆，手腕的动作幅度可以逐步增大，并和下丹田旋转同步。根据自身的实力确定自己所做的次数，右手做完后，左手重复动作。左右各一次为一组，共做3～5组。（图1-4-4）

图1-4-4

2. 长棍画“8”字

【预备姿势】同“长棍画圆”。

【动作过程】重心下沉，同时，右臂前伸，将手中长棍翘起，在空中画“∞”字型；气沉丹田。要点与上式相同。根据自身的实力确定自己所做的次数，右手做完后，左手重复动作。左右各一次为一组，共做3～9组。（图1–4–5）

【收功】将长棍放于地面上，身体缓慢站直，双手合抱于下丹田；闭目静心，呼吸自然，意识观呼吸5～10次，注重出息，功毕。

图1–4–5

第五节　应手功

擒拿应（yìng）手功的主要目的是通过各种功法练习，提高粘连、控制对手手臂和其他部位的能力。此项功法与实用技术联系得较为紧密，简而言之，应手的含义就是合理地应对对手的攻守。

一、沙包练习

【器材】沙包。

1. 抛切沙包

【预备姿势】马步站立，气沉丹田，用右手抓握沙包。

【动作过程】右手向上方将沙包竖直抛起，待沙包下落时，用左手的掌根横击沙包，并快速用左手中指、无名指和小指勾抓沙包；然后左右手重复做抛接动作。（图1–5–1）

图1–5–1

注：抛沙包时不仅要用手臂力量，还要用腰腿力量，接沙包时要先横击沙包后再抓握。横击动作可以从左右两侧横击也可以斜向上或斜向下切击。每组次数不限，根据自身的情况而定。

2. 飞接沙包

【预备姿势】两人相对站立，距离2～5米，基本格斗姿势，气沉丹田。

【动作过程】甲方用右手抓握沙包，将沙包向乙方头部快速抛出，乙方待沙包飞近，用右手的掌根横击沙包，并快速用右手中指、无名指和小指勾抓沙包；然后再向甲方抛出沙包，甲方重复乙方动作接住沙包。（图1–5–2）

注：同上。

【收功】将沙包放于地面上。身体缓慢站直，双手合抱于下丹田；闭目静心，面带微笑，深呼吸5～10次，功毕。

图1–5–2

二、假想攻守

假想对方以直拳、摆拳、勾拳等拳法或正蹬、鞭踢等腿法进攻我时，我快速反应，做出相应防守动作，如十字手、龙盘手、蛇缠手、弹刁手等。要动作紧凑、防守严密、步法灵活，注意防守动作可以与反攻动作结合，动作次数和组别根据自己的实际情况而定。应手功中的攻守假想练习与快手功的不同之处在于，快手功强调动作速度，而应手功更加注意动作质量，更强化动作细节。

1. 豹形手

【预备姿势】前后步站立，两手握拳屈臂置于胸前；目视前方。

【动作过程】假想对方右直拳击打我头面部，我左手向前推压对方手肘，右手前伸勾住其右肘关节外侧，用力回拉；同时，右转身约90°，左腿前伸、崩腿，形成勾手别摔动作。（图1–5–3）

【收功】逐渐放慢动作节奏，调整呼吸，高马步立身站好，双手放于下丹田处；面带微笑，开合旋丹（参见第六章第一节）10～20次，功毕。

图1–5–3

2. 掸刁手

【**预备姿势**】同“豹形手”。

【**动作过程**】假想对方右直拳击打我头面部，我右手前伸，推挡对方的前臂，右手随即顺势弹出，用手腕击打对方头部；随后，右手勾旋对方头部，回拉，同时左手前推，身体右转约90°，重心向右脚移动，左腿崩弹，形成弹手勾摔动作。（图1-5-4）

【**收功**】同“豹形手”。

图1-5-4

3. 龙盘手

【预备姿势】同“豹形手”。

【动作过程】假想对方右直拳击打我头面部，我右手向前横切对方前臂，右手随即顺势下压，外拨其手臂，同时右脚跟步，左臂屈肘折叠，左手立掌前推，左脚上步、左腿崩弹；随后，身体右转约90°，形成以龙盘手为接手的横打铁门闩技术。（图1–5–5）

【收功】同“豹形手”。

图1–5–5

三、黏控手

【器材】擒拿短棒、软质弹性小球（网球或弹力球）。

1. 立棒勾黏手

【预备姿势】高马步姿势或三体式姿势，双手虎口相对，手臂基本伸直，左手上、右手下抓握擒拿短棒两端，立棒置于胸前。

【动作过程】左手指尖用力抓扣短棒，位置基本不动；以左手为圆心，右手手型如钩，用指尖从腹前位置向后、向右用力钩回短棒；右手贴紧短棒外旋约90° 后，顺势内旋90° 抓扣短棒，右手在短棒下端环绕一周，同时使短棒画逆时针平圆；右手动作完成后，停住；随即处在上方的左手，以位置不动的右手为圆心，左手手型如钩，用手指尖从腹前位置向后、向左用力勾回短棒；左手贴紧短棒内旋约90° 后，顺势外旋90° 抓扣短棒，左手在短棒上端环绕一周，同时使短棒画顺时针平圆。（图1–5–6）

注：左右手松手后要紧贴短棒旋绕，顺势抓握，把短棒当成对方的前臂，练习勾黏手。

【收功】逐渐放慢动作节奏，调节呼吸，高马步立身站好，双手置于下丹田处；面带微笑，冠面旋丹（参见第六章第一节）10～20次，功毕。

图1–5–6

2. 横棒单手内旋

【预备姿势】高马步或三体式姿势，调整呼吸，左手手心向下、右手手心向上抓握擒拿短棒两端，水平横棒于胸前。

【动作过程】左手用力抓握短棒，位置基本不动；随后以左手为圆心，右手用力前推短棒，先向前、向上、向后，再向下、向前按弧形轨迹用力旋拧短棒，在使短棒自转一周的同时，以左手为圆心公转一周，画成椭圆形；右手向前方将近一圈时，由于右手臂内旋，手心向右上，右手抓握已不牢固，因此右手顺势松开短棒，手背贴紧短棍外旋360°；随后顺势快速地向右外方用力抓握短棒；右手动作不停，反复旋拧短棒，画椭圆。完成8～10次后，换左手练习。（图1–5–7）

【收功】同“立棒勾黏手”。

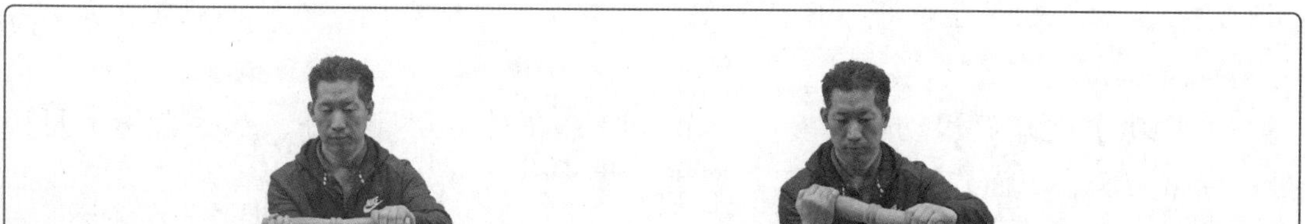

图1–5–7

3. 横棒外旋拧拉

【预备姿势】高马步或三体式姿势，调整呼吸，两手手心向下持短棒两端，注意两手虎口相对，水平置于胸前。

【动作过程】左手用力抓握短棒，位置基本不动；右手用力前推短棒，随后以位置不动的左手为圆心，先向下、向后，再向上、向前按弧形用力旋拧短棒，使短棒自转一周的同时顺时针公转一周，画成椭圆形；右手向前上方将近一圈时，由于右手臂外旋，手心向右上，右手抓握已不牢固，因此右手顺势松开短棒，手背贴紧短棒内旋360°；随后右手翻掌向右外方快速用力抓拉短棒，同时右转腰助力。右手可以连续做拧拉短棒的动作，也可以左右手交替练习。（图1-5-8）

注：练习时右手松手后要紧贴短棒旋绕，顺势抓握，把短棒当成对方的前臂，练习黏手和拉手。注意身体的协调，拧拉动作严谨，带有攻防意识。根据自己的体能，确定训练时间。训练时间一般不可太长，10~60秒为宜，以计时间或次数的形式均可，主要是训练接手的能力。

【收功】同“立棒勾黏手”。

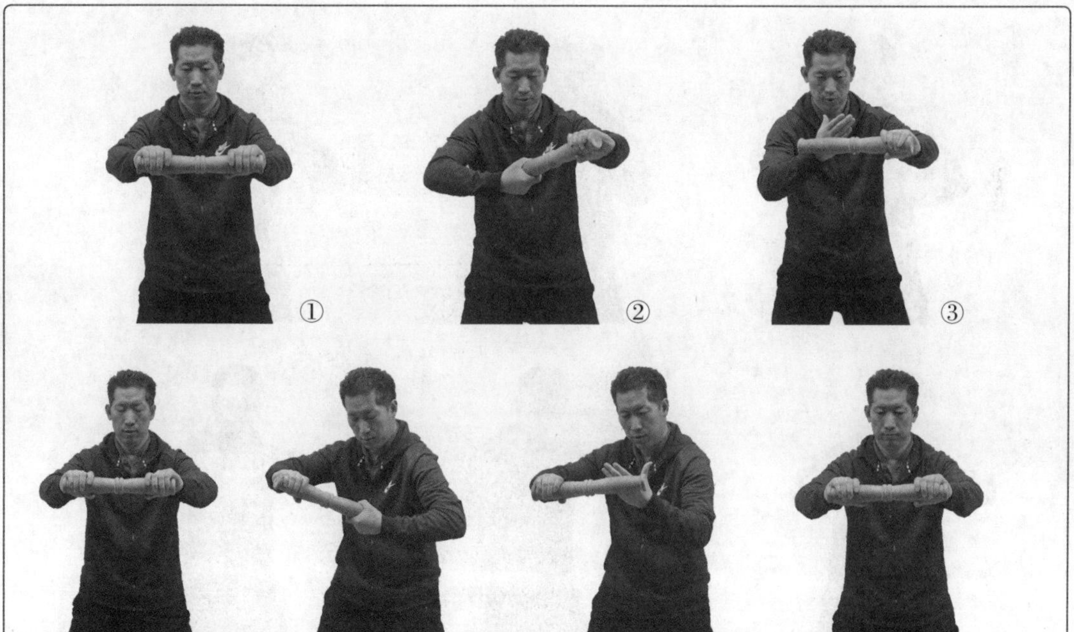

图1-5-8

4. 横棒外旋外刁

【预备姿势】高马步或三体式姿势，调整呼吸。两手手心向下，手臂基本伸直，抓握擒拿短棒两端，横棒置于胸前。

【动作过程】左手用力抓握短棒，位置基本不动；以左手为圆心，右手从胸前位置向下、向后，再向上、向前按弧形用力旋拧短棒，使短棒在自转一周的同时，顺时针公转一周，画成椭圆形；右手向上将近一圈时，由于右手臂内旋，手心向上，右手抓握已不牢固，因此右手顺势松开短棒，手背贴紧短棒翻掌，顺势刁手抓扣短棒；右手动作做完后，停住。随后，左手以位置不动的右手为圆心，左手从胸前位置先向下、向后，再向上、向前按弧形用力旋拧短棒，使短棒后自转一周的同时逆时针公转一周，画成椭圆形。右手可以连续做旋抓擒拿短棒的动作，也可以左右手交替练习。（图1–5–9）

注：练习时身体协调，旋抓动作严谨，带有攻防意识。根据自己的体能，确定训练时间。训练时间一般不可太长，以计时数或次数的形式均可，主要是训练快速接手并旋刁对方手臂的能力。

【收功】同“立棒勾黏手”。

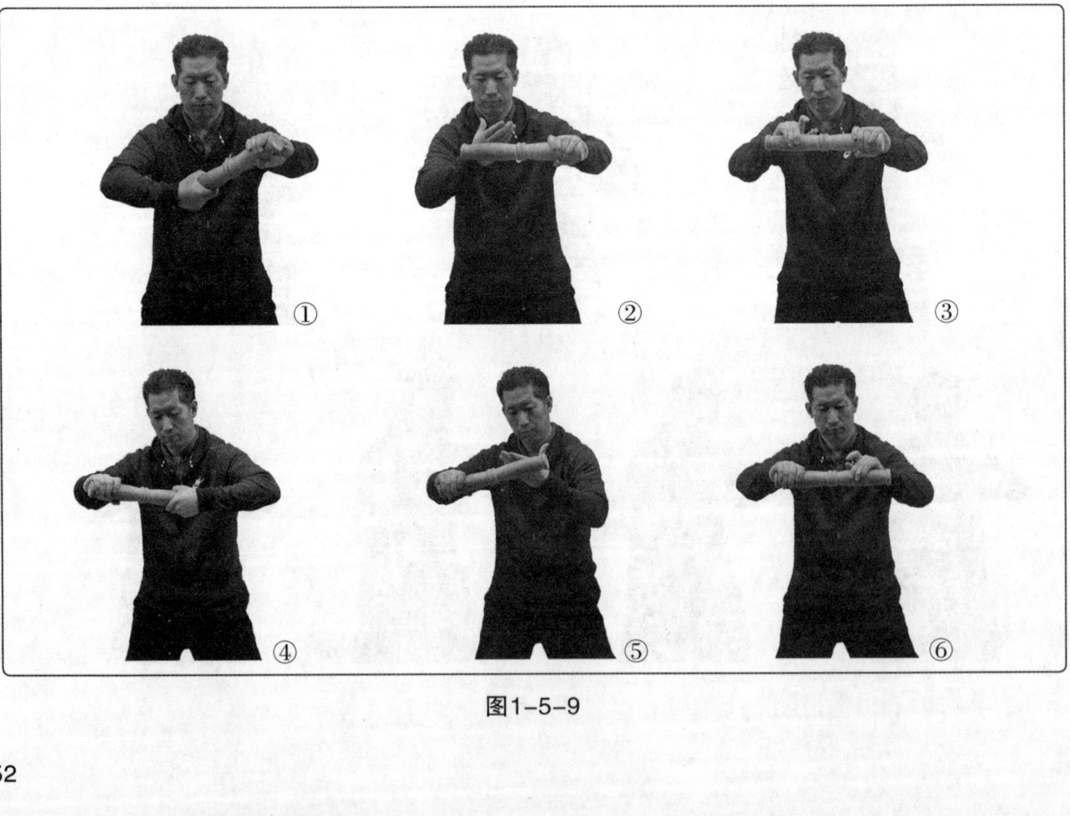

图1–5–9

5. 横棒内旋下接手

【预备姿势】高马步姿势，两手手心向上，手臂基本伸直，抓握短棒两端，置于胸前。

【动作过程】左手用力抓握短棒，位置基本不动；以左手为圆心，右手从胸前位置先向上、向后，再向下、向前按弧形轨迹用力旋拧短棒，使短棒自转一周的同时逆时针公转一周，画成椭圆形；右手向下将近一圈时，由于右手臂内旋，手心向上，右手抓握已不牢固，因此，右手顺势松开短棒，手背贴紧短棒外旋360°后，顺势抓握短棒；右手动作做完后，停住。随后，左手以位置不动的右手为圆心，从胸前位置先向上、向后，再向下、向前划弧形用力旋拧短棒，使短棒在自转一周的同时顺时针公转一周，画成椭圆形。左右手反复旋拧短棒，交替练习。（图1-5-10）

【收功】同“立棒勾黏手”。

图1-5-10

6. 横棒外旋夹臂

【预备姿势】高马步姿势，两手手心向下，抓握擒拿短棒两端，置于胸前。

【动作过程】左手用力抓握短棒，位置基本不动；右手用力前推短棒，随后以左手为圆心，先向下、向后，再向上、向前按弧形轨迹用力旋拧短棒，使短棒在自转一周的同时顺时针公转一周，画成椭圆形；右手向前上将近一圈时，由于右手臂外旋，手心向右上，右手抓握已不牢固，因此，右手顺势松开短棒，手臂贴紧短棒内旋360°，随后顺势向前缠绕短棒，右上臂与上体用力夹紧短棒于腋下。右手完成动作后，换左手练习。（图1–5–11）

注：练习时右手要紧贴短棒旋绕，顺势缠抱短棒，把短棒当成对方的前臂，练习接手时的黏手和缠臂。

【收功】同“立棒勾黏手”。

图1–5–11

7. 小球黏控手

【预备姿势】站姿或者坐姿均可，两手手心上下夹住网球。

【动作过程】两臂以网球为中心相互缠绕，网球位置始终在两臂之间，尽量不使网球掉落。练习2～5分钟为宜。（图1-5-12）

【收功】同“立棒勾黏手”。

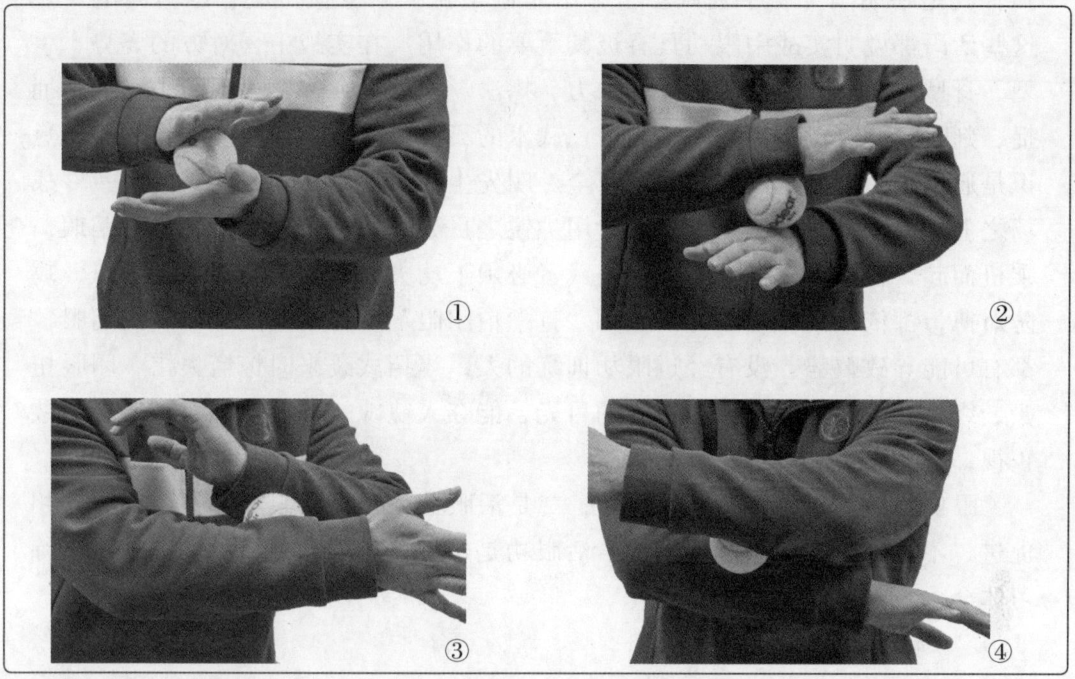

图1-5-12

第二章　眼功

眼功是擒拿必修的高级功法。拳语云："心为主帅，眼为旗""手到眼不到，真是瞎胡闹""手去眼不去，必是偷来艺""拳似流星，眼似闪电"。这些话语都说明实战中眼功具有极其重要的作用。在实战中，对方的姿势、手型、身型、距离、方位、角度、劲力、招法、漏洞等，都要用眼睛去观察、捕捉、判断，故有"眼观六路"之说。武术的灵魂是技击，而技击动作的攻防意识是通过眼功来体现的。武术名家金一明先生在《武当拳术精艺》中说："战场之上，须耳听八方，眼观四面，用尖锐之目光，观敌人之意向，伺隙蹈瑕，乘机而起，皆眼之作用。"眼功是武者必须下功夫修练的内容，远近进退、攻防对搏，都依赖锐利的目光。正如"打拳怕闭眼"所言，实战中瞬间的闭眼，都有可能导致败势。没有经过眼功训练的人，当招式袭来时惊慌失措，闭眼扭头，终将一败涂地。相反，锐利的目光，能夺人魂魄，摧其斗志，令对方不敢正视，乃不战而屈人之兵。

眼功分为三部分，一是养眼功，二是活眼功，三是用眼功。三个部分互相促进，不可偏颇。养眼功是根基，活眼功是过程，用眼功是目的，武者可以练习体会。

第一节　养眼功

养眼功的主要目的是通过一些练习方法保养眼睛，使眼睛更加清澈明亮。此功法与中医养肝紧密相连。练习应循序渐进，持之以恒。日常注意用眼卫生，多食用些富含维生素A的动物肝脏、鱼肝油、蛋黄，以及蔬菜水果如胡萝卜、菠菜等食物，这对眼功修练十分有益。

一、揩目转眼

每日睡前或睡醒之后，将双手拇指相合、搓热，然后两手大拇指由眉心向两侧揩目十余次，接着双眼球顺时针转8次，逆时针转8次。练习时，轻闭双眼，面带微笑。

二、按摩穴位

（1）两眼微闭，面带微笑，用点按、揉捏等手法对眼睛周围的四白穴、承泣穴、鱼腰穴、颊车穴、攒竹穴、睛明穴、太阳穴、迎香穴等穴位进行按摩。

（2）姿势不限，时间不限，按摩脚部的大敦穴、太冲穴和脚踝部的三阴交穴。

三、拍击肝经

（1）双腿盘坐，两眼微闭，面带微笑，双手用掌跟沿肝经从大腿根部向膝部用力推摩20～30次；再双手握拳，从大腿根部向膝部微用力捶击肝经20～30次。

（2）仰卧在床上或垫子上，双腿打开呈“V”字型，双手轻拍大腿内侧肝经，时间从短到长，随着练功时间的增加，双腿打开的角度会逐渐加大。建议早晚各一次。

第二节　活眼功

活眼功的主要目的是增加眼睛的灵活度，增强眼睛捕捉快速移动或微小变动物体的能力。

一、转动眼球

（1）闭眼或睁眼皆可，眼球顺时针或逆时针转动，转动范围尽可能扩大，速度先慢后快，每组5~10次。

（2）闭眼或睁眼皆可，眼球按“∞”形转动，转动范围尽可能扩大，速度先慢后快，每组5~10次。

二、眼球随物

（1）坐火车或汽车时，目视窗外前方某一固定物品（树、电线杆等），视线随物体向后移动，注意头不要做过大的转动，以目光移动为主。每次练习时间不可过长，练习后可以做眼保健操，进行眼部的放松。

（2）在长棍或架子上挂系一根细线，细线一端系一石块或者其他小硬物，置于身体前，高度为1.5~1.8米。右手横向拨动石块，使之在面前横向移动，头尽量不动，眼球跟随石头左右移动。每次练习时间不可过长，练习后可以做眼保健操，进行眼部的放松。

第三节　用眼功

用眼功是在擒拿格斗中流露出来的眼神，有真有假，有弱有强，需根据敌我双方的实际态势而运用。

一、用眼原则

拳术不是闲雅趣事，而是杀敌保命之技。故拳谚曰：“如心欲杀敌，眼即往矣，眼光所射，手即至焉。拳术为杀人之技，非雍容闲雅之事可比，稍作迟缓，足自戕生命。”故行拳时犹如与仇人、虎豹厮打，必须全神贯注，全力应对，不然已之性命堪虑，如此练拳方谓之打拳。

想想前辈们一经提劲行拳，立刻气势逼人，虎视眈眈，目光如电，令人不寒而栗，极为骇人，就不难明白拳术中会有“神色即可伤人”之说了。用眼功法多是实战中的经验，所以用眼功是一种经验的积累。在平时训练中需有假想敌，而且要把假想敌想得非常强大，要用全部心神对付，这样眼神才能锻炼出来。

二、实战眼神运用

在实战时运用以下四种眼神可起到震摄或迷惑对方的作用，为进一步取得实战胜利奠定基础。

1. 淡定型

面部微带笑容，目光淡定自如、内敛，给人以艺高人胆大之感，体现出“打时有人似无人，视人如蒿草，打人如走路”的心理状态，给人一种出手即可得胜之势，让对方感觉到高深莫测。此种眼神必须有强大的实力作后盾，是一种强大实力的体现，因此不容易装出来。

2. 威逼型

双目聚光凝神，逼视对手，如恶猫见鼠、猎鹰抓兔、饿虎扑羊，使对方在心理上受到巨大威胁，令其战前就心虚胆寒。尤其是面对新手时，这种眼神更能让对方不战自败。

3. 胆怯型

面对高手时，可故作胆怯，作眼睛不敢正视对方之状，以眼神流露出破绽，以假示胆虚来麻痹对方，同时多用眼的余光观察其行动，一旦时机出现，便突发奇招，争取一招制胜，由被动变为主动。随之，眼神也从故作的胆怯变成目光如电、气势逼人的自然状态。正如拳谚所说：“破绽百出者为下，不露破绽者为中，故露破绽者为上。”此种眼神在女子防身时常常使用。

4. 藐视型

用不屑一顾的眼神傲视对手，用藐视的眼光故意刺激、引诱对方发怒生气，可以配合嘴角下瞥、双手背在身后等动作，从而使其怒气添胸、心神顿乱，我则乘虚而入、得势得胜。

不同的对手，在搏击过程中有不同的眼神表现，从而判定其心理状态及战术意图。如瞪目而视，急于求成，为鲁莽挺进者；眼神恍惚，面露恐惧，多属技拙胆小者；眼神淡定自如，外显无迹，多为武林高手。无论是哪一种，都要视眼神仔细观察，用心揣摩，区别应对。

第三章　身功

擒拿身功是擒拿功法中的核心部分，分为柔身功、硬身功、力身功、技身功四大类。柔身功主要是提高身体特别是重点关节的柔韧性，当练习者被擒拿控制时，可以有更大的空间和机会解脱与反擒拿。硬身功主要是提升练习者的抗击打能力，同时对练习者的击打能力也有一定的促进作用。力身功主要目的是提升练习者的力量。以上三类功法都是擒拿技法的基础和保障，从一个层面来说，三者都是为了技身功服务的。

第一节　柔身功

擒拿名家赵大元先生讲：“要练得身体像一根极度柔韧且富有弹性的钢条一样，无论如何扭曲变形，都能顺势顺劲复原。”柔身功是赵氏擒拿所独有的一项基本功练习。柔身功的主要目的是提高被反关节锁定时的化解和反击能力，也就是提高当受对方劲力的压迫时，顺对方劲力柔化反转彼身且借力用力的能力；与此同时可以增强主肌群与辅助小肌群、其他肌群之间的协调转换能力，可以提高周身各运动关节的灵活性和运动幅度，还可以增强关节囊和关节韧带的强度。

一、单人柔身功

1. 体前屈转腰

【预备姿势】身体直立，两脚自然开立，比肩略宽，双手在体侧自然垂放。

【动作过程】两臂向前伸直，伸颈、长腰慢速成体前屈，双手尽量触摸自己双脚，停5~10秒后上体微转，头向后转，双手放至一侧脚面上，头向后看腰3~5秒后，再向另一侧转上体并转头；然后，上体转正还原，双手各扶在左右脚上；依此循环做动作。（图3-1-1）

【收功】逐渐放慢动作节奏，调节呼吸，立身站好，双手自然垂放于体侧，面带微笑，平摇旋丹（参见第六章第一节）10~20次，功毕。

图3-1-1

2. 翻身活胯

【预备姿势】身体直立，两脚自然开立，比肩略宽，两膝微屈，双手在腹前抱球。

【动作过程】两臂向前推出，同时伸颈长腰，慢速向前下屈上体，双手向前下伸，随后上体左倾、后倾，再右倾，画一大圆，摆到体前屈的初始位置。可以继续同一方向（也就是逆时针）翻身活胯，也可以一次逆时针、一次顺时针交替翻身画圆弧。5～10次为一组，练习2～3组。（图3-1-2）

【收功】同“体前屈转腰”。

图3-1-2

3. 弧线摇闪

【预备姿势】两脚前后开立，左前右后，重心偏后腿，左臂前伸，右手臂紧贴于腰后命门穴位置。

【动作过程】上体摇闪，向左后、右后、向前完成一个动作循环；动作不停，随后上体继续向左后摇闪，再完成动作循环。5～10次为一组，练习2～5组。（图3-1-3）

【收功】同“体前屈转腰”。

图3-1-3

4. 翻身穿掌

【预备姿势】两脚前后开立，左前右后，重心为前腿三四分、后腿六七分；左手前伸，右手胸前外撑。

【动作过程】右手前穿，手心向上。左手臂屈肘回拉外撑，上体微前倾，向左翻身转胯，上体后仰，目视前手。两脚顺势外摆、内扣。可以连续上右脚，左翻身，穿右掌。也可以左翻身、穿右掌，之后再右翻身、穿左掌。6～10次为一组，练习3～6组。翻身时，眼睛尽量看前方。（图3-1-4）

【收功】同"体前屈转腰"。

图3-1-4

5. 拉带滚翻

【预备姿势】弹力带一端固定，右手牵拉另一端。

【动作过程】左手臂内旋约270° ，尽量保持牵引姿势，重心降低，左手向左胯外侧下插，以弹力带固定端为圆心，做单肩前滚翻。也可以做单肩后滚翻。（图3–1–5）

【收功】同“体前屈转腰”。

图3–1–5

6. 四足爬

【预备姿势】体前屈，直腿直臂，双手双脚撑于地面。

【动作过程】双手双脚交替前进行走。四足爬的形式有多种，可以手足齐动，也可以先后交替；可以向前爬行，也可以向后或横向爬行。5 ~ 10米为一组，练习5 ~ 10组。（图3–1–6）

【收功】同“体前屈转腰”。

图3-1-6

二、双人柔身功

1. 插臂解脱

【预备姿势】两人相距两步距离，并步直立站好（黑裤者为甲方）。

【动作过程】（1）两人各上右步，重心在两腿之间，前脚三四分、后脚六七分；相互搭右手腕部，手心向内，左手手心向前护于对方的肘关节处。（图3-1-7）

图3-1-7

（2）甲双手同时控制乙右臂，向右旋丹田；右手翻腕扣指，中指和无名指刁乙右手内关滑至大陵穴。（图3–1–8）

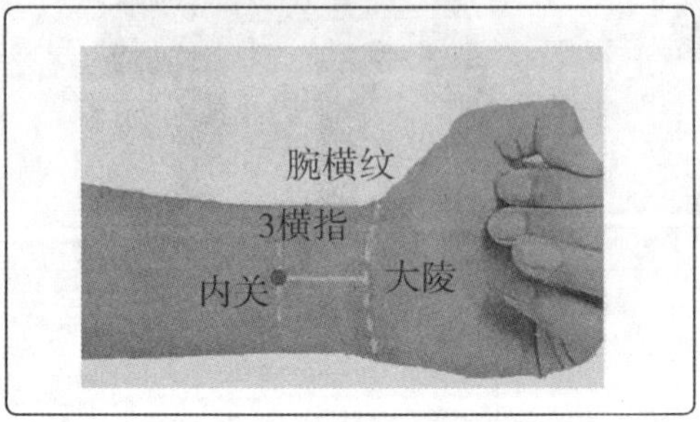

图3–1–8

（3）甲重心前移，使乙方手臂成反关节。乙重心向左腿移动，右手后三指扣紧向自己的劳宫方向，用掌根向上推折甲方手背。甲左手顺乙右手前臂滑至肘部，用手掌心的人字头处抵住乙方后肘部鹰嘴；双手同时用力右旋，左手小鱼际向前下切乙方鹰嘴后的骨沟。（图3–1–9）

图3–1–9

（4）乙右脚微进步，同时重心前移、右腕挺伸，顺时针旋肘、旋肩，右臂前伸穿向甲右腋下，解脱右手臂反关节状态。（图3–1–10①）

（5）甲右脚后撤步，在乙前伸手臂时，右臂外旋，掌心向外翻，同时身体右转约90°，使乙方手臂在自己身体外侧，左手前臂与乙手臂约成垂直角度，格挡住乙的右肘，防范乙肘攻击自己胸部。（图3–1–10②）

（6）乙右手腕顺势向上屈，右臂沉时，上左步扣脚向左转身约180°，右前臂内旋右手刁住甲手腕，左手上托甲肘部鹰嘴处。（图3–1–10③）

图3–1–10

此时甲、乙交换了位置，乙方进攻，甲方防御解脱。

甲乙再重复以上的动作，双方反复连续地进行练习。

注：（1）一方旋肩前穿时要注意穿击的方向是另一方的腋下，而另一方要旋对方的手臂，使对方手臂在自己身体外侧。

（2）一方被拧臂背转后，身体要保持正直，防止身体前倾，失去重心；反击时要用背靠动作。

【收功】立身站好，双手自然垂放于体侧；面带微笑，深呼吸10～20次，功毕。

2. 翻身解脱

【预备姿势】两人相距两步距离，自然站好（黑裤者为甲方）。

【动作过程】（1）甲乙各上右步，重心在两腿之间，前脚三四分、后脚六七分；相互搭右手，手心向内，左手手心向前护于对方肘部。（图3–1–11）

图3–1–11

（2）甲向右旋丹田，右手翻腕扣指，中指刁乙右手内关滑至大陵穴；右手后三指扣紧向自己的劳宫方向，用掌根向上推折乙方手背，左手顺乙右手前臂至肘部，用手掌心的人字头处抵住其肘部鹰嘴。甲右手用力向右旋拧乙手腕，左手小鱼际向下切其鹰嘴后的骨沟，使乙手臂成反关节状并背对甲。（图3–1–12①）

（3）乙进右步，挺腕，外旋肘，外旋肩，右手前伸穿向甲右腋下，伸直手臂。

甲右脚后撤步，在乙前伸手臂时用右手控制其肘关节，使乙方手臂在自己身体的手臂外侧；左前臂与乙方右前臂约成垂直角度推住乙的右肘，以防乙肘击自己胸部。（图3–1–12②）

（4）乙肘关节背拧折后为解脱右臂，顺势向上抬右前臂，上体前移，头贴近肘关节用肩靠击甲方。

（5）甲向右转身化解乙肩的靠击，同时顺势用左手及左前臂切压乙的肘窝，使其屈肘内旋；然后，甲进左肩顶在乙的右肩胛骨下方，同时右手旋拧下撅乙方腕部。（图3–1–12③）

图3–1–12

（6）乙在甲刚刚进肩顶肘时，迅速左后转身，头尽力靠向右肘，以解脱肩、肘反关节的压力和疼痛。迅速地转身低头，弯腰，撤左腿，解脱到甲的身后，同时右手反扣刁甲方手腕，伸左手扣搓其右肘，使甲右臂肘成反关节状。（图3–1–13）

图3–1–13

此时甲乙双方交换位置，乙方进攻，甲方防御挣脱。乙重复甲动作，如此甲乙两人连续反复练习。

注：（1）一方在进肩顶肘时，头部要尽量和自己的肘部相互靠近，以便缓解自己肩肘关节的疼痛。

（2）一方在低头转身解脱时，左手要在头前外撑，防止对方膝击头部。

【收功】同“插臂解脱”。

3. 滚翻解脱

【预备姿势】两人相距两步距离自然站好（黑衣裤为甲方）。

【动作过程】（1）甲乙各上右步，重心靠后，前脚三四分、后脚六七分；相互搭右手，手心向内，左手手心向外护于对方肘部。（图3–1–14）

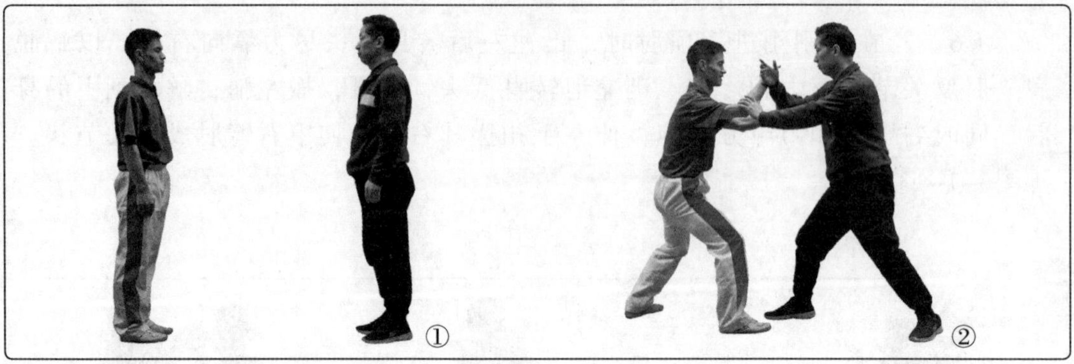

图3–1–14

（2）甲向右侧旋转丹田，右手翻腕扣指，中指刁乙右手内关滑至大陵穴，右手后三指扣紧向自己的劳宫方向，用掌根向上推折乙方手背；左手用手掌心的人字头处抵住乙方肘部鹰嘴。甲左手向上托乙方右肘，欲使乙手臂成反关节状并背对甲。

（3）乙挺腕、沉肘，使甲托不起自己的肘关节。

（4）甲右脚微后撤，左手抓扣乙右手大鱼际；甲拇指如钉子钉在乙手背处，逆时针外翻乙手掌，同时左转身约90°，双手合力搓压乙方手背，使乙右手臂极度外旋，腕部亦成极度外旋。（图3–1–15）

图3–1–15

（5）乙右脚向右前跨一大步，头与手腕相互靠近，尽力减缓腕部、肩部极度外旋所承受的压力和疼痛；同时右腿屈膝，尽可能地降低重心，向右前侧做单肩侧滚翻。注意下颌贴紧自己的胸部，头扎向左腋窝，右肩后部着地，低头翻滚，动作圆滑。乙左腿顺势快速摆动，屈膝、扣脚主动落地，并借助惯性迅速起身，左手臂可以撑地，助力起身。（图3-1-16、图3-1-17）

图3-1-16

图3-1-17

（6）乙起身时，右手反刁扣甲右手腕，速伸左手，用掌心人字头处顶住甲的肘关节鹰嘴后，双手准备进攻甲。

此时甲乙双方交换了位置，乙方进攻，甲方防御挣脱，重复以上动作，反复练习。（图3-1-18）

【收功】同“插臂解脱”。

①
②

图3–1–18

提示：这三种柔身功可单循环连续练习，也可两个或三个大循环进行连续练习。

第二节　硬身功

硬身功的主要目的是提高练习者的抗击打能力，硬身功使用的器材主要有竹束、短棍、长条沙袋、药球等。

一、硬身排打功

1. 拍打穴位

站姿、坐姿皆可，用手指尖、掌外沿、掌根、掌面轻轻拍打巨阙穴、期门穴、掌门穴、曲泽穴、天柱穴、天容穴、足三里等穴位。

2. 拍打手臂或躯干

站姿、坐姿皆可，用掌外沿或掌根按一定顺序拍打另一手臂或躯干。

3. 竹束敲打

站姿、坐姿皆可，用擒拿竹束或擒拿短棍轻轻敲打四肢和躯干，敲击四肢时，避免直接敲打在骨头上。经过一段时间练习后，可以增加敲打的力度。（图3-2-1）

图3-2-1

4. 沙袋抽打

用长沙袋抽打四肢和躯干，力度可以不断增加。长沙袋比短棍受力均匀，更不容易使人受伤，所以建议多使用长沙袋练习。（图3-2-2）

图3-2-2

5. 双人靠臂

双人靠臂是武术中传统的排打功法，可网上查阅，比较方便，本书由于篇幅所限，故略去本部分。

二、硬身撞击功

1. 后背撞墙

【预备姿势】站姿，距离墙壁1尺左右。

【动作过程】有节奏地向后撞击后背。后背的身柱穴到筋缩穴此段包括神道穴、灵台穴、至阳穴、肺俞、厥阴俞、心俞、督俞、膈俞、胃院下俞、肝俞等大穴。后背撞墙可以提高后背的抗击打能力，同时也是舒筋活穴的健身方法。具体撞击次数，结合自身情况而定。（图3-2-3）

【收功】站立，自然放松身体。

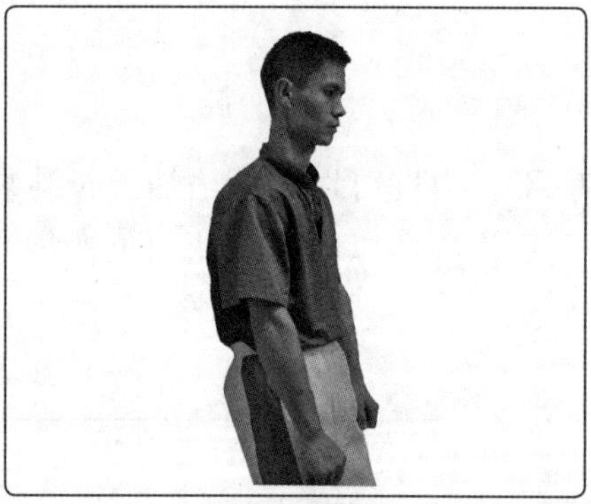

图3-2-3

2. 药球或沙包撞丹田

【预备姿势】仰卧姿，双手抓抱药球或沙包。

【动作过程】用药球或沙包撞击腹部，先轻后重。具体撞击次数，结合自身情况而定。（图3-2-4）

【收功】仰卧，自然放松。

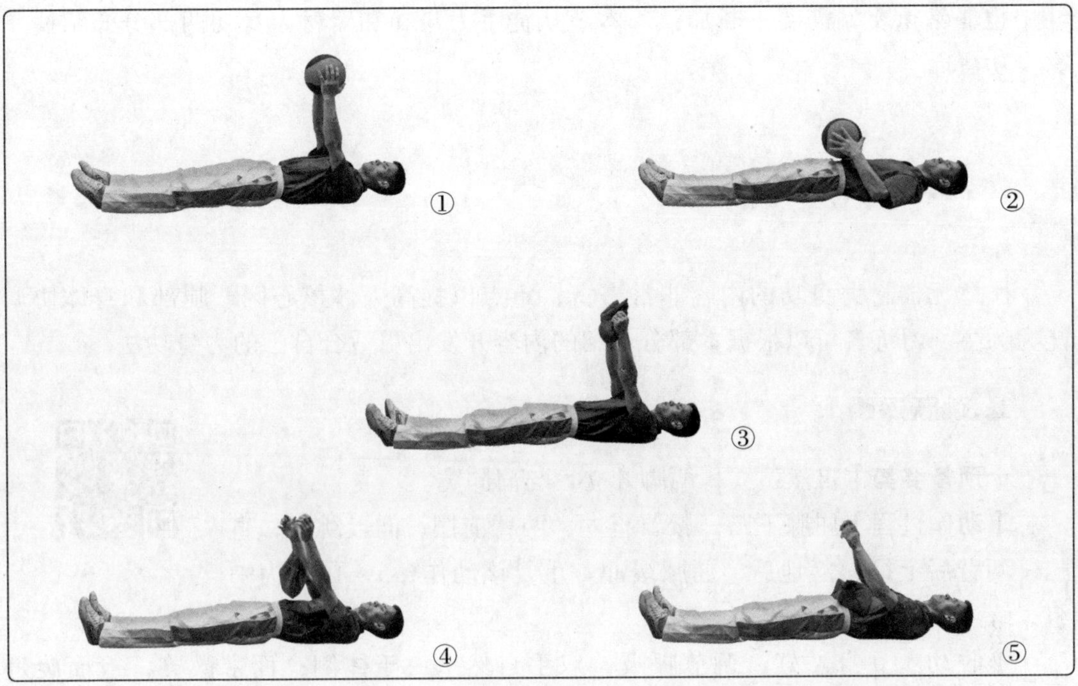

图3-2-4

第三节　力身功

力身功的主要目的是增强全身和重点部位的力量。擒拿力身功法训练可分为复合训练和孤立训练。复合训练是需要同时调动多关节、多个肌肉群参与运动的训练类型。例如，弹力带冲拳调动肘关节、髋关节、膝关节及踝关节。孤立训练是只调动少量关节或少数肌肉群参与运动的训练类型。例如，硬手中的撅指只调动指关节参与发力。传统的健美训练更关注单一肌群的提高，但对于擒拿格斗练习者，要避免形成孤立训练的坏习惯，因为功法训练动作复合性越高，运用力量能力的提升就越明显。总而言之，擒拿训练以复合训练动作为主，它可以确保最多的肌群在最短的时间内受到足够强度的刺激，孤立训练动作可以穿插在复合训练动作间进行，以便提高局部薄弱部位的能力（如颈部、前臂、腹部等）。此外，核心力量在擒拿格斗中也非常重要，需要不断加强。本节从徒手力身功和器材力身功两部分介绍擒拿力身功法。

一、徒手力身功

擒拿无器材力身功的内容非常丰富，重点以提高人体核心区、腿部和身体协调能力为主。习练者可以根据本部分介绍的内容开发出更适合自己的力身功法。

1. 跳跃深蹲

【预备姿势】自然站立，两脚开立，与肩同宽。

【动作过程】屈膝下蹲，腰要直立，两臂前摆；向上跳起，直腿，两臂后上摆；落地后，屈膝缓冲。重复该动作，5～10次为一组，练习2～5组。（图3-3-1）

【收功】立身站好，调节呼吸，双手自然垂放于体侧；面带微笑，冠面旋丹（参见第六章第一节）10～20次，功毕。

图3-3-1

2. 箭步蹲

【预备姿势】自然站姿，双脚并立。

【动作过程】由站立姿式开始，左脚向前跨一大步，重心下沉，两膝弯曲约90°；随后，身体直立，右后脚向前跨一大步，同时重心下沉，两膝弯曲约90°。依次不断上步前进，下蹲10次为一组，练习2～5组。（图3-3-2）

【收功】同“跳跃深蹲”。

图3-3-2

3. 跳跃箭步蹲

【预备姿势】同“箭步蹲”。

【动作过程】由箭步蹲姿开始，两臂自然下垂，双腿发力，垂直向上跳起，空中前后脚交换位置，同时双手臂向胸前摆动助力，下落后再成箭步蹲姿。重复该动作，5～10次为一组，练习3～5组。（图3-3-3）

【收功】同“跳跃深蹲”。

图3-3-3

4. “V”字两头起

【预备姿势】仰卧，双脚并拢。

【动作过程】两臂上举，双腿并拢，腹肌用力，双手与双脚向腹部上方并拢，此时只有臀部接触地面；下落时双手双脚同时缓慢落向地面。重复练习该动作10～30次。（图3-3-4）

【收功】同“跳跃深蹲”。

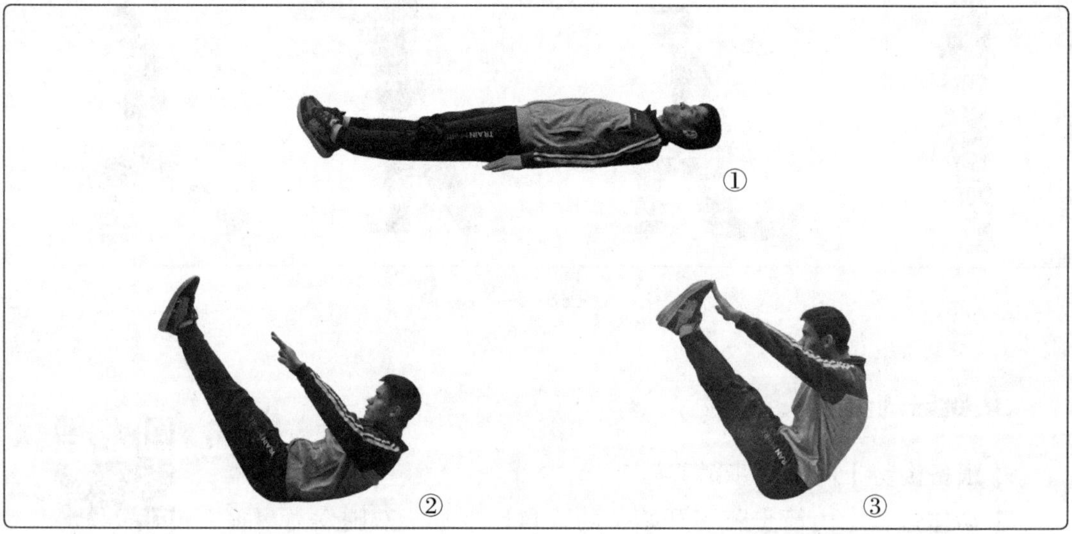

图3-3-4

5. 船式摇摆

【预备姿势】仰卧，双腿并拢。

【动作过程】两臂上举，双腿并拢并停于半空，只有臀部和腰部接触地面；以臀部为支点，身体做船式摇摆，也就是脚向上、头和双手向下；脚向下，头和双手向上。重复做此动作30～90秒钟。（图3-3-5）

【收功】同“跳跃深蹲”。

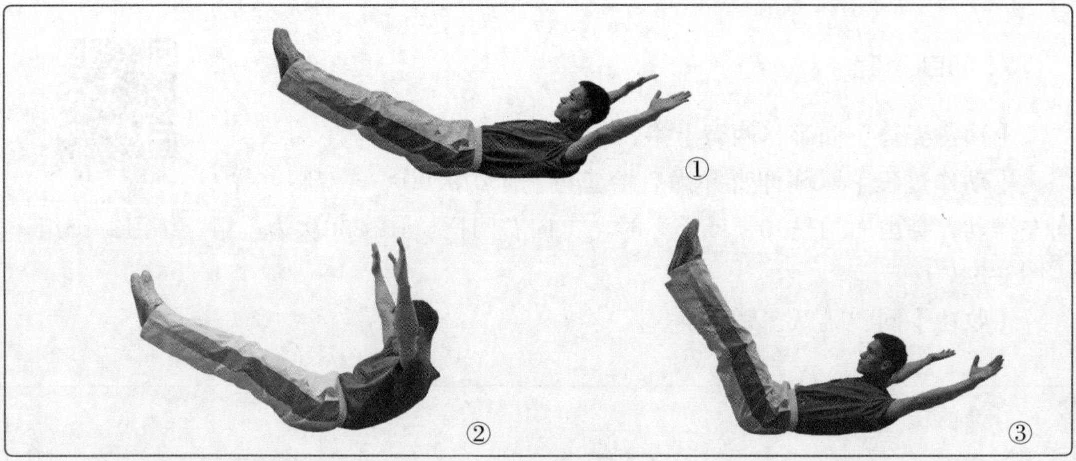
①
②
③

图3-3-5

6. 蜘蛛爬

【预备姿势】仰卧，双臂双腿垂直支撑于地面，大腿与上体水平。

【动作过程】手脚交替支撑，向前或向后行进5～20米。注意保持大腿与上体的水平姿态，速度适度。（图3-3-6）

【收功】同“跳跃深蹲”。

①
②
③

图3-3-6

7. 仰卧摆腿

【预备姿势】仰卧，两臂上举，双腿并拢向斜上方伸直。

【动作过程】双腿伸直并拢后抬起与上体约成90° 。双腿并拢向左摆动，与地面约呈30° 或15° 时，再向右回摆。10～30次为一组，练习2～5组。（图3–3–7）

【收功】同“跳跃深蹲”。

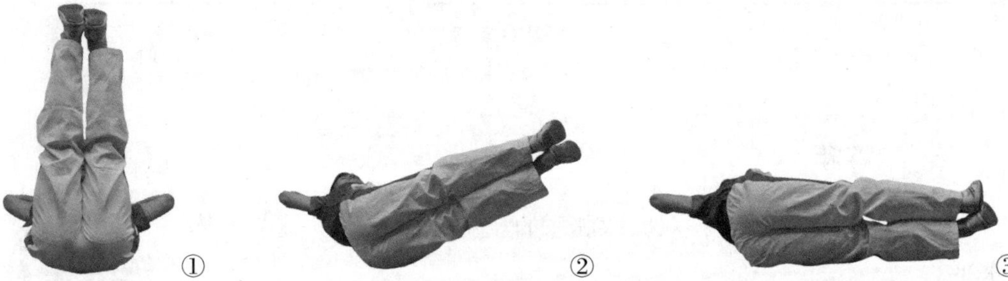

① ② ③

图3–3–7

8. 交替举腿

【预备姿势】仰卧，两臂在体侧伸直，双腿并拢伸直。

【动作过程】双腿一上一下交替举落，双腿不接触地面，可慢速，也可快速。10～30次为一组，练习2～5组。（图3–3–8）

【收功】同“跳跃深蹲”。

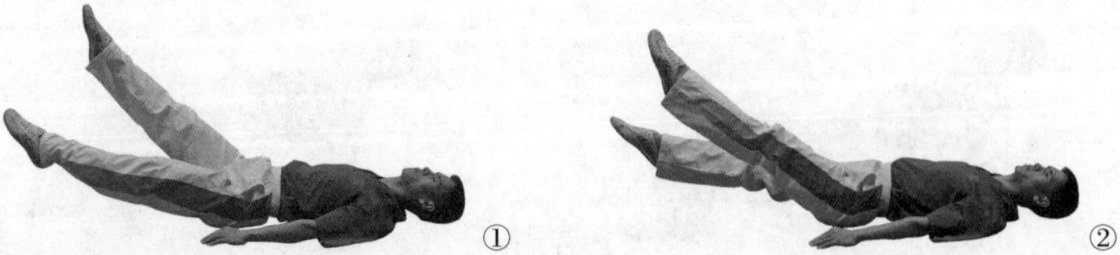

① ②

图3–3–8

9. 倒立爬墙

【预备姿势】俯卧，两臂撑地，双脚放于墙根处。

【动作过程】双脚交替向墙上攀爬，两手臂撑地逐渐接近墙根，然后，身体倒立贴于墙上；随后双手向前撑爬，双脚交替下行还原成开始体位。3～5次为一组，练习5～10组。（图3–3–9）

【收功】同“跳跃深蹲”。

图3–3–9

10. 多种平板支撑

【预备姿势】俯卧。

【动作过程】平板支撑对于锻炼身体核心区有很大作用。平板支撑有很多种形式，侧面平板支撑有手支撑和肘支撑；正面平板支撑有双手支撑、双肘支撑、单手支撑、单肘支撑、双肘单脚支撑、单肘单脚支撑等。（图3–3–10）

【收功】同“跳跃深蹲”。

图3-3-10

二、器材力身功

器材力身功所使用的器材繁多，本部分仅仅例举大棍、大杆、药球、格斗绳、弹力带、杠铃、健腹轮、地秤等有代表性的器材。功法内容还是在以训练核心力量为主的同时与擒拿技术相融合。

（一）大棍练习

【器材】3～4米长的大棍，直径10～20厘米。

1. 大棍拨推

【预备姿势】左脚在前，右脚在后，双手掐握大棍中间，使大棍横于胸前。

【动作过程】右手前推使大棍右侧向前，随即右脚“之”字型上步，右手快速前推，同时右手向上、向右外横拨大棍；左脚再“之”字型上步，左手向上、向右外横拨大棍；右手向前推送大棍。3～10米为一组，练习5～10组。（图3-3-11）

【收功】立身站好，调节呼吸，双手自然垂放于体侧；面带微笑，做“抱气归丹”动作（参见第六章第一节）8～16次，功毕。

图3-3-11

2. 大棍劈挂

【预备姿势】左脚在前，右脚在后，双手掐握大棍一端于体侧，两手距离约40～60厘米。

【动作过程】右手向前劈砸大棍，左手抓握大棍，在腰间基本保持不动。大棍下劈至与地面水平后，右脚上步前踢，同时右手回拉大棍；右脚落地，同时右手用力向下劈砸大棍。重复该动作，3～10米为一组，练习5～10组。（图3–3–12）

【收功】同“大棍拨推”。

图3–3–12

3. 大棍扫挂

【预备姿势】左脚在前，右脚在后，双手掐握大棍，棍身水平于胸前。

【动作过程】右手向前下推扫，使大棍由横向变为纵向，右脚跟步，右手向上回拉，同时左手向前推送，右脚“之”字型向右前方上步，随后向相反方向做扫挂动作。重复该动作，3～10米为一组，练习5～10组。（图3–3–13）

【收功】同“大棍拨推”。

图3-3-13

4. 大棍摆踢

【预备姿势】左脚在前，右脚在后，双手掐握大棍，棍身水平于腹前。

【动作过程】左转身约45°，以腰带手发力横扫，使大棍由横向变为纵向，右脚跟步，右手向斜上方回拉，左手向前上推棍，同时右脚向前坡踢，随后向相反方向做重复动作。3～10米为一组，练习5～10组。（图3-3-14）

【收功】同“大棍拨推”。

图3-3-14

（二）大杆练习

【器材】3～4米长的白蜡大杆。

1. 大杆背崩

【预备姿势】半马步，双手握大杆，注意后手不留把，大杆平直且紧贴腰腹部。

【动作过程】双手平端大杆，身体合力，腰腿配合。双手使杆头逆时针画小弧线两圈后，腰左转，双手借助腰腿合力使杆头快速向斜上方发力崩弹，力达杆头。（图3-3-15）

【收功】同“大棍拨推”。

图3-3-15

2. 大杆面劈

【预备姿势】完成大杆背崩姿势。

【动作过程】从完成大杆背崩姿势开始，身体合力，腰腿配合，双手使杆头顺时针画小弧线两圈后，腰右转向右斜下方发力，

双手借助腰腿合力使杆头向右斜下方快速发力劈砸，力达杆头。（图3–3–16）

【收功】同“大棍拨推”。

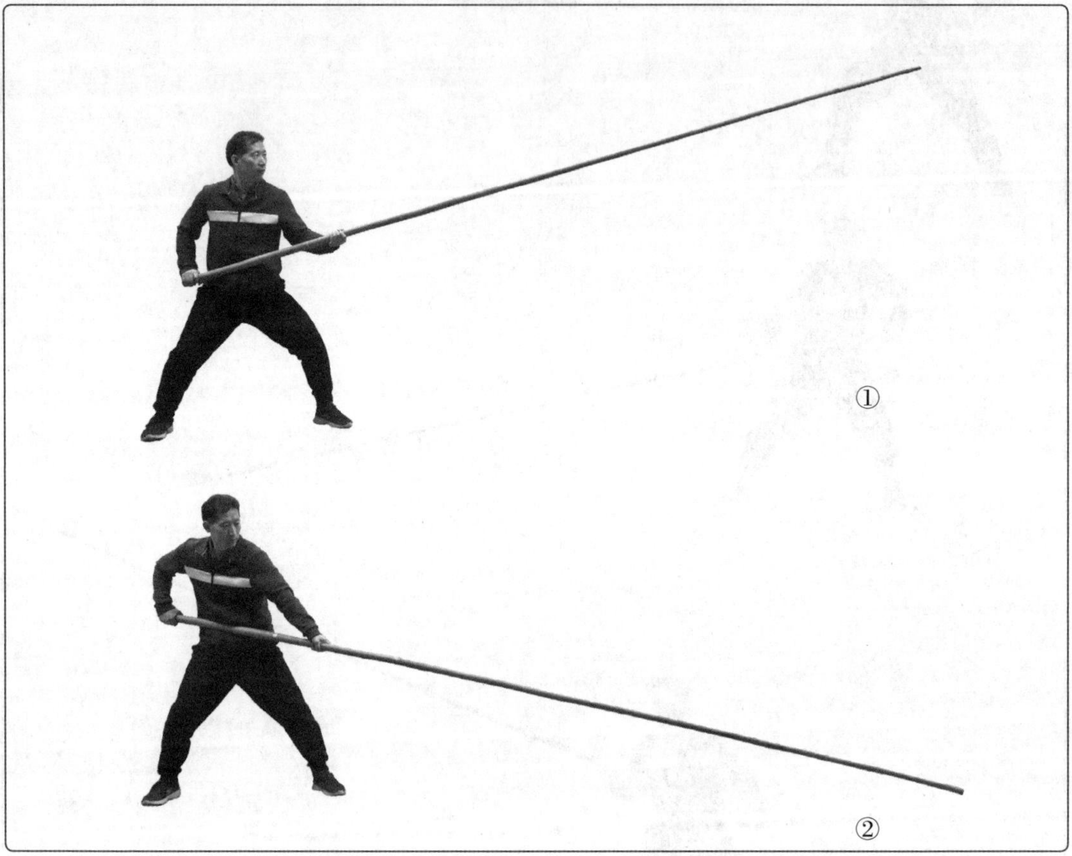

图3–3–16

3. 大杆拦拿扎

【预备姿势】半马步，双手握大杆一端，大杆平直且紧贴腰腹部。

【动作过程】身体合力，腰腿配合，双手使杆头逆时针向左侧弧线发力，形成“拦”的动作；动作不停，腰腿合力，双手向右下顺时针弧线发力，形成“拿”的动作；上动不停，手心前移，右脚向前蹬地，左转腰，右手向前快速送出大杆，左右手相合，做大弓步“扎”枪动作；重心回移，右手回收，呈半马

步，还原成预备姿势。重复“拦、拿、扎”动作，20～30个为一组，练习5～10组。（图3-3-17）

【收功】同“大棍拨推”。

图3-3-17

（三）药球练习

【器材】药球一个。

1. 腹前画圆

【预备姿势】高马步或前后步站立，气沉丹田，双手合抱药球于腹前。

【动作过程】前臂水平抱球于身前，以丹田为轴心，双手使大球顺时针或逆时针做圆周运动。注意沉肩坠肘，用身体的整体力量使球移动。（图3-3-18）

【收功】放下药球，用手臂或擒拿竹束敲打四肢和躯干，随后双手叠放于下丹田，面带微笑，静心，深呼吸10～20次，功毕。

图3-3-18

2. 侧开斜飞

【预备姿势】同“腹前画圆”。

【动作过程】身体微合，双手合抱大球微向右下方蓄力。右脚蹬地发力，双手向左斜上方快速拨挑，身体大开。微停后，双手抱大球下落于左腰侧蓄力，再向右斜上方快速拨挑。10～20次为一组，练习3～5组。（图3-3-19）

【收功】同“腹前画圆”。

图3-3-19

3. 高抛药球

【预备姿势】高马步站立，气沉丹田，双手将药球平举于腹前。

【动作过程】双脚蹬地发力，以腰背部力量带动药球向垂直方向高抛。待药球下落后双手接住，顺势下蹲，再次向上高抛，循环练习。注意沉肩坠肘，含胸拔背，用身体的整体力量使球高抛。（图3-3-20）

【收功】同“腹前画圆”。

图3-3-20

4. "8"字环绕

【预备姿势】前后步站立，重心前三后七，气沉丹田。双手合抱大球，前臂水平于身前。

【动作过程】以丹田为轴心，身体右转，球向右后下方移动，随即左转，使大球由后下向上、向前弧线移动；身体继续左转，球向左后下方移动，随即右转，使大球由后下向上、向前弧线移动。身体发力将球定于腹前，注意手臂尽量伸直，沉肩坠肘，含胸拔背，用身体的整体力量使球的移动停止。重复做药球在身体两侧"∞"字形的动作，10~30次为一组，练习做5~10组。（图3-3-21）

【收功】同"腹前画圆"。

图3-3-21

（四）格斗绳练习

【器材】格斗绳。

1. 上下交替

【预备姿势】高马步站立，气沉丹田，双手握住格斗绳两端。

【动作过程】用身体力量使两臂在体前上下交替运动，使格斗绳呈交替波浪形运动。注意重心上下浮动不宜过大，两臂动作可以向下或向上同时发力，向上发力时手臂动作速度较快，向下动作微慢，反之亦然。（图3-3-22）

【收功】放下格斗绳，用手臂或擒拿竹束敲打四肢和躯干；随后双手叠放于下丹田，面带微笑，静心，深呼吸10～20次，功毕。

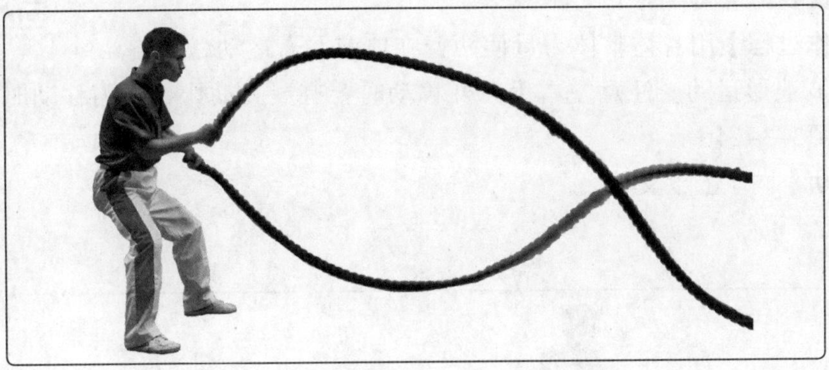

图3-3-22

2. 上下同步

【预备姿势】同“上下交替”。

【动作过程】用身体力量使两臂在体前上下同步运动，使两条格斗绳合一，并呈波浪形运动。注意两臂同步上下时动作连贯。（图3-3-23）

【收功】同“上下交替”。

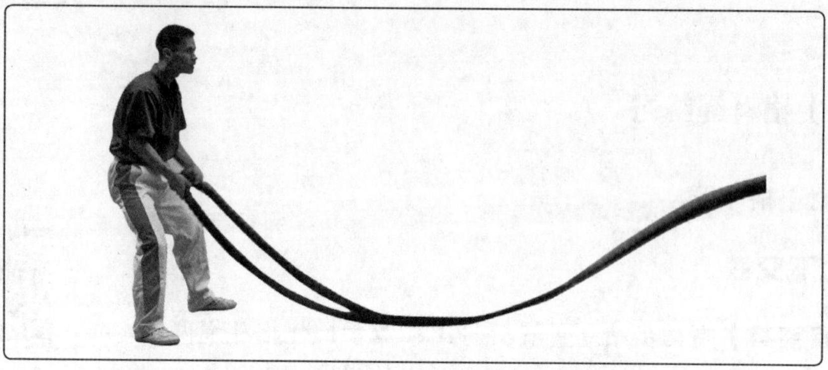

图3-3-23

3. 左右横摆

【预备姿势】同“上下交替”。

【动作过程】用身体整体力量使两臂在体前左右运动，使格斗绳呈水平波浪形运动。注意左右手向外移动时要有展胸动作，向内移动时要有含胸动作。（图3-3-24）

【收功】同“上下交替”。

图3-3-24

4. 同步画圆

【预备姿势】同“上下交替”。

【动作过程】用身体整体力量使双臂在体前画弧线，使格斗绳呈螺旋状运动，注意双手画弧线时要利用腰腿的力量，要有开胸、含胸的动作。（图3-3-25）

【收功】同“上下交替”。

图3-3-25

（五）弹力带练习

【器材】擒拿弹力带一端用木桩、横木或者其他东西固定。

1. 上下挂臂

【预备姿势】面对弹力带，基本格斗姿势站立，右手拉紧弹力带。

【动作过程】上挂臂时，蹬地转腰，右手向右后上方（头右侧或左侧）回挂，右手小指领劲，向外旋拧手臂，左手护于右手腕部（图3-3-26①～③）；下挂臂时，身体微左转，右手大拇指领劲从右上向左下挂拉，左手立掌，护于右肩前（图3-3-26④～⑥）。右手做10次后，换左手重复动作。10次为一组，练习5～10组。

注：下挂时，擒拿弹力带固定在身前木桩、横木的上端；上挂时，固定在下端。

【收功】将弹力带放于地面上，用擒拿竹束轻敲手臂。待手臂肌肉放松后，两臂侧平举、上举，在头上方相合后向下按掌置于身体两侧，气沉丹田，身体缓慢站直，面带微笑，静心，深呼吸5~10次，功毕。

图3-3-26

2. 马步转腰

【预备姿势】面对弹力带，高马步，双手在胸前合握弹力带，手臂微屈，弹力带与手臂成90°。

【动作过程】两臂保持姿势不动，下丹田用力，向右快速转腰，利用爆发力将弹力带拉紧，达到最远端；随后，上体缓慢左转，有控制地还原到预备姿势。向右转腰一组动作（约10次）完成后，再向左转腰做同样的次数，练习3～5组。（图3-3-27）

【收功】同“上下挂臂”。

图3-3-27

3. 大开大合

【预备姿势】面对弹力带，马步站立，双手拉紧弹力带，直臂于体前。

【动作过程】大开时，双手向后上方快速上拉举弹力带，开胸沉胯。随后随着弹力带的弹力，手臂向前下方有控制地还原成预备姿势。（图3-3-28）

图3-3-28

大合时，身体下蹲，双手向后下方快速拉弹力带，身体形成弓形，含胸合胯，随后随着弹力带的弹力，手臂向前，有控制地还原成预备姿势。5～10次为一组，练习10～20组。（图3-3-29）

注：大合时，擒拿弹力带固定在身前木桩、横木的上端；大开时，固定在下端。

【收功】同“上下挂臂”。

图3-3-29

4. 前后小拳

【预备姿势】背对弹力带，基本格斗姿势站立，双手拉紧弹力带两端。

【动作过程】上体微前倾，左右蹬地转腰，双手依次向前快速出拳，冲拽弹力带，手型为小拳手型；随后随着弹力带的弹力，还原预备姿势。左右手各出拳一次为一组。可以根据自己的实际情况，做30~50组。（图3-3-30）

【收功】同“上下挂臂”。

图3-3-30

5. 左右绕臂

【预备姿势】面对弹力带，前后步站立，重心前三后七。左手抓紧弹力带一端放于腹前，右手臂微屈放于弹力带的外侧。

【动作过程】上体保持中正。右手臂前伸挂着弹力带在体前顺时针画弧线3~5圈，左右蹬地转腰，把弹力带依次缠绕在右臂上，而后再逆时针画弧线将弹力带一圈圈松开。左右手互换，左右绕臂一次为一组。可以根据自己的实际情况，做6~10组。（图3-3-31）

【收功】同“上下挂臂”。

图3-3-31

6. 头前冲撞

【预备姿势】背对弹力带，前后步站立，重心前三后七。两臂微屈，双手抓握弹力带放于额头两侧，保护弹力带不脱离。

【动作过程】后脚蹬地，前脚微向前垫一小步，随即后脚跟步（根据弹力带的弹性决定步子前进的距离大小），双手控制弹力带不滑脱，头向前下方快速发力拽拉弹力带，身体成弓形；随即上体慢慢立起，后脚后撤，前脚回收，回到预备姿势。6～10次为一组，可以根据自己的实际情况做6～10组。（图3-3-32）

【收功】同“上下挂臂”。

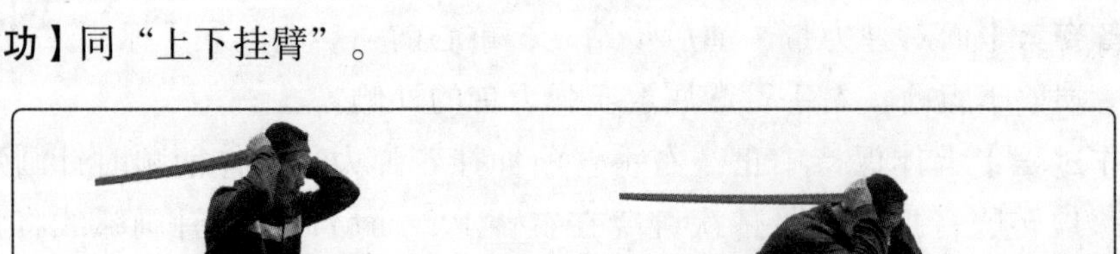

图3-3-32

7. 前肩靠

【预备姿势】背对弹力带，前后步站立，重心前三后七。左手拉紧弹力带一端，弹力带搭在右肩上，右手臂微屈向外撑于体侧。

【动作过程】后脚蹬地，前脚微向前垫一小步，随即后脚跟步（根据弹力带的弹性决定步子前进的距离）。右手控制弹力带搭在肩上不滑脱，右肩向前下快速发力拽拉弹力带，身体成弓形；随即上体慢慢立起，后脚后撤，前脚回收，回到预备姿势。左右肩靠动作相同，左右调换即可。左右肩靠各6～10次为一组，可以根据自己的实际情况做6～10组。（图3-3-33）

【收功】同“上下挂臂”。

图3-3-33

8. 后肩靠

【预备姿势】面对弹力带，前后步站立，重心前三后七。左手拉紧弹力带一端，左手臂屈肘在左腰侧处抓握弹力带，弹力带搭在右肩上，也就是有一段弹力带斜背在身后。

【动作过程】前脚向后蹬地，后脚微向后垫一小步，随即前脚回收（根据弹力带的弹性决定步子后退的距离）。左手控制弹力带在腰侧和右手控制弹力带搭在肩上不滑脱，右肩向后快速发力拽拉弹力带，随即前脚前上步，后脚跟步，回到预备姿势。左右肩靠动作相同，左右调换即可，左右肩靠各6～10次为一组，可以根据自己的实际情况做6～10组。（图3-3-34）

【收功】同“上下挂臂”。

图3-3-34

（六）弹力带加长短棍练习

【器材】擒拿弹力带，短棍或长棍。

1. 拧身踢

【预备姿势】将弹力带一端固定，另一端缠绕固定在擒拿短棍的中间，左前臂置于弹力带下与短棍平行，左手握住短棍一端，左肘托住短棍另一端。

【动作过程】身体后移至弹力带绷直，向右侧拧身，上体微后仰，右脚向左前踢出并外展，脚心向前，右手臂向右后拉拽弹力带，左前臂向右前拨挤短棍；随后，还原成预备姿势，进行下一次练习。6～10次为一组，练习3～5组。（图3-3-35）

【收功】同“上下挂臂”。

图3-3-35

2. 圈颈压拽

【预备姿势】将弹力带一端固定，另一端缠绕固定在擒拿短棍中间，左前臂置于弹力带上方与短棍平行，左手握住短棍一端，紧贴胸腹，右肘前伸托住短棍另一端。

【动作过程】身体后移至弹力带绷直，右手前臂置于弹力带下方，与弹力带约成90°角；右前臂向上挑扳弹力带，身体前屈，左前臂用力下压擒拿短棍，维持3～5秒后，还原成预备姿势，进行下一次练习。6～10次为一组，练习3～5组。（图3-3-36）

【收功】同“上下挂臂”。

图3-3-36

3. 长棍横打

【预备姿势】将弹力带一端固定，另一端缠绕固定在擒拿长棍的一端，双手握住长棍另一端，右手在前，左手在后，相距约一米，紧贴胸腹并平端于腹前；步型为前后步。

【动作过程】左脚向左后方掰脚上一小步，右脚向左前扣脚上一大步，身体快速左转约270°，两手用力，横向推按长棍，将弹力带绷紧；随弹力带伸缩，右脚掰脚，左脚回扣，身转右转约270°，回到预备姿势，再进行下一次练习。3～5次为一组，练习5～10组后，换方向练习。（图3-3-37）

【收功】同“上下挂臂”。

图3-3-37

（七）杠铃练习

【器材】杠铃一端去掉杠铃片固定在地面，另一端安装合适重量的杠铃片，握于手中。

1. 斜杆提拉

【预备姿势】高马步，面对杠铃，左手在左大腿外侧握住杠铃一端。

【动作过程】左手快速向上提拉杠铃，右手换握，随后缓慢将杠铃放于右大腿外侧，再从右大腿外侧提拉，慢放于左大腿外侧，完成一组练习。根据练习目的、体能和杠铃重量做3～8组。（图3-3-38）

【收功】将杠铃杆放于地面上，身体缓慢站直，两臂侧平举、上举，在头上双手相合后向下按掌置于体侧，气沉丹田，面带微笑，静心深呼吸5～10次，功毕。

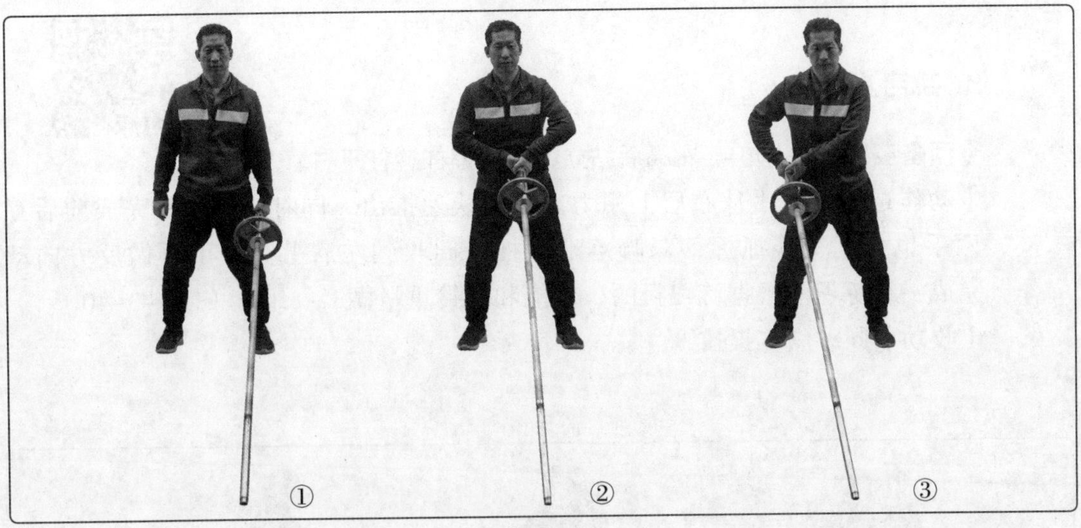
①　②　③

图3-3-38

2. 斜杆直推

【预备姿势】前后步或高马步，右手握杠铃杆于右肩上。

【动作过程】右手快速向斜前上方推出；杠铃回收，活动端持于右肩侧，回到预备姿势，完成一组练习。根据练习目的、体能和杠铃重量做3～8组，再换手练习。（图3-3-39）

【收功】同“斜杠提拉”。

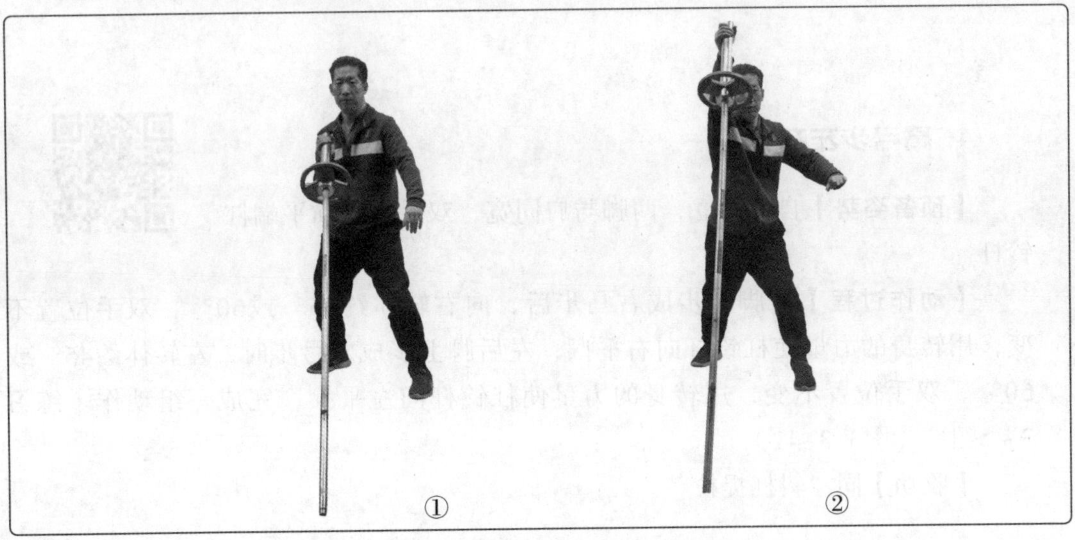
①　②

图3-3-39

3. 跳弓步快推

【预备姿势】左脚前、右脚后站立，右手握杠铃杆于右肩上。

【动作过程】右手从右肩上用力向斜前快速推出，同时双脚跳起完成前后互换，两手也相互交换抓握，双脚落地，杠铃回收到左肩上。左手再做反方向动作，完成一组练习。根据练习目的、体能和杠铃重量做3～8组。（图3-3-40）

【收功】同“斜杠提拉”。

① ② ③

图3-3-40

4. 高弓步左右横摆

【预备姿势】自然站立，两脚与肩同宽，双手在腹前平端杠铃杆。

【动作过程】右脚上步成右马步后，向右转体约45° 或60° ，双手位置不变，用转身的力量使杠铃杆向右平摆；左后脚上步成左弓步时，左转体约45° 或60° ，双手位置不变，用转身的力量使杠铃杆向左平摆，完成一组动作。练习3～5组。（图3-3-41）

【收功】同“斜杠提拉”。

图3-3-41

（八）健腹轮练习

【器材】健腹轮。（图3-3-42）

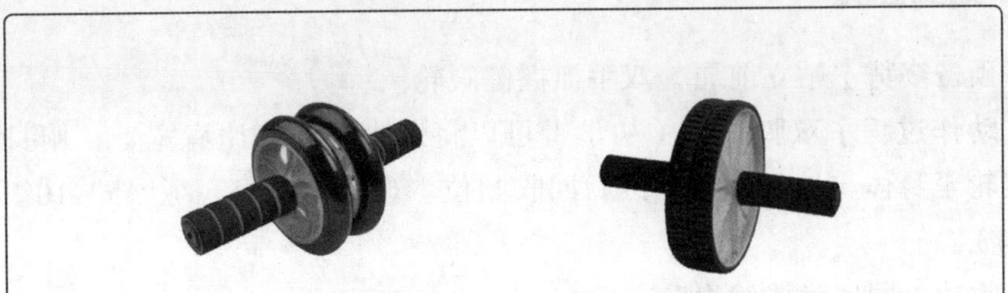

图3-3-42

1. 跪式健腹

【预备姿势】跪姿前俯，双手抓握健腹轮。

【动作过程】双手抓握健腹轮，身体向下，两臂随身体向前伸展，身体伸直后，两臂随身体再回拉。10次为一组，练习5～10组。（图3-3-43）

【收功】将健腹轮放于地面上，身体缓慢站直，两臂侧平举、上举，在头上双手相合后向下按掌置于体侧，气沉丹田，面带微笑，静心，深呼吸5～10次，功毕。

图3-3-43

2. 站式健腹

【预备姿势】站立前屈，双手抓握健腹轮。

【动作过程】双脚并拢（初学者可以将双脚分开略比肩宽），俯身向前推动健腹轮至身体与地面水平，然后回收归位。10次为一组，练习5～10组。（图3-3-44）

【收功】同“跪式健腹”。

图3-3-44

（九）擒拿地秤练习

【器材】擒拿地秤。

1. 双臂旋拧

【预备姿势】双手抓握地秤杆一端，身体高马步站立，面向地秤。

【动作过程】两臂借助蹬地、转腰的动作，合力旋拧地秤杆，使方形地秤盘在地上转动。一正一反为一组，练习5～10组。（图3-3-45）

【收功】将擒拿地秤放在地面上，其他动作同前。

图3-3-45

2. 上手前后挫

【预备姿势】左手抓握地秤杆上端，右前臂置于地秤杆上，前后步站立，面向地秤。

【动作过程】左手旋拧地秤杆，右手前挫地秤杆，两手合力使方形地秤盘在地上向前转动。随后，左手再反方向旋拧，右手后挫。一正一反为一组，练习5～10组。（图3-3-46）

【收功】同“双臂旋拧”。

图3-3-46

3. 下手回挫

【预备姿势】左手抓握地秤杆上端，右前臂放在地秤杆下方，前后步站立，面向地秤。

【动作过程】左手旋拧地秤杆，右手向后挫再向前翻转地秤杆，两手合力使方形地秤盘在地上向前转动。随后，左手再反方向旋拧，右手后挫。一正一反为一组，练习5～10组。（图3-3-47）

【收功】同“双臂旋拧”。

图3-3-47

第四节　技身功

技身功的功法内容非常丰富，包括以接手为主的接手技、以基础攻守为主的攻守双人拟实、以击打为主的打拿技、以擒摔为主的擒摔技和以综合运用为主的综合技等。由于篇幅有限，本书仅对技身功法中的接手技、擒打技和擒摔技中较为实用的常用功法作简要表述。

一、技身接手功

接手技在擒拿技术中具有举足轻重的作用，要擒拿控制对方，就必须形成有效接触，因此接手功法在擒拿功法中尤为重要。接手技有很多，但简单实用且常用的一般只有十字手、斩截手、刁手、掸缠手等。

1. 十字手

【器材】擒拿训练带（不封闭型弹力带），在木桩、横木或者其他器材上固定，可以根据姿势调整弹力带的高低位置。

【预备姿势】背对弹力带，基本格斗姿势站立，双手各拉紧弹力带两端放置于胸前。

【动作过程】上体微前倾，右后脚蹬地，左前脚微向前垫一小步，双手成十字手型向前上快速出拳拽拉弹力带，手臂即将伸直时，再有意识地向前延伸手臂，随即后脚跟步（根据弹力带的弹性决定步子前进的距离），双手一左一右顺时针旋转，从阳（阴）十字手变为阴（阳）十字手；然后，双手随弹力带的伸缩，还原预备式姿势。下十字手的练习与上十字手基本相同。左右姿势的上下十字手各6~10次为一组，可以根据自己的实际情况做6~10组。（图3-4-1）

注：右手在上的阳十字手则双手顺时针，右手在下的阴十字手则双手逆时针旋拧。

【收功】将弹力带放于地面上，两臂侧平举、上举，在头上相合后向下按掌置于体侧，气沉丹田，做“背颠七星”（参考第六章第二节），功毕。

图3-4-1

2. 斩截回刁手

【预备姿势】面对弹力带，左脚前，右脚后，基本格斗姿势站立，重心前三后七，左臂微屈，左手抓握弹力带一端，放于身前，右手臂折叠置于右肩前。

【动作过程】左转身约30°，左手臂随转身动作向左回拉弹力带，同时右手手掌下切弹力带；随后右手翻掌手指向下回刁弹力带的带面中部，右转身约90°，右手顺时针旋拧并快速回拉至右胯侧，同时左手向右前方横推。练习10～15次后，换右脚前、左脚后的姿势，再做10～15次。左右姿势的斩截回刁为一组，可以根据自己的实际情况做6～10组。（图3-4-2）

【收功】同“十字手”。

图3-4-2

3. 掸手缠切

【预备姿势】面对弹力带，左脚前、右脚后，格斗式站立，重心前三后七，左臂微屈，放于身前，右臂折叠，右手抓握弹力带一端，将弹力带拉紧，置于右肩前。

【动作过程】右转身约30°，右手回拉弹力带，随后，左手从下向上用手背或前臂掸抽身前弹力带，随即左手顺势缠绕弹力带，随后右转身约90°，左手向右后下挫切，左手将弹力带压于右大腿内侧，停顿1～3秒钟，左手手臂微放松，还原为预备姿势。练习10～15次后，换右脚在前，左脚在后姿势，也做10～15次。左右姿势的掸手旋切为一组，可以根据自己的实际情况做6～10组。（图3-4-3）

【收功】同"十字手"。

图3-4-3

4. 跟缠挟臂

对方用软棍或脚靶快速抽打我头部或其他部位时，我运用擒拿中的常用手法如刁扣手、掸手、带手进行防守，防守动作规范、快速、有效，待该防守动作纯熟后再更换防守动作。

【器材】软棍或脚靶（跆拳道脚靶）。

【预备姿势】基本格斗姿势。

【动作过程】对方用脚靶拍击我头部时，我左肘向外横击脚靶，左臂顺势前伸缠绕对方右臂，身体右转约90°，我左臂折叠相夹，完成防守反击动作。（图3–4–4）

【收功】同“十字手”。

图3–4–4

5. 接手刁腕

【预备姿势】基本格斗姿势。

【动作过程】对方右直拳击打我头面部，我双手向前格挡对方右前臂，右手顺势勾其手腕，并旋拧其手臂，左手横掌，推击其手背，形成反关节擒拿。每组10～20次为一组，练习3～5组。（图3–4–5）

【收功】同“十字手”。

图3-4-5

二、技身擒打功

擒拿绝不只是反关节控制技术，其大部分技法都是与踢、打、摔相融合的综合技术，正所谓“擒中打，打中擒”。擒拿功法中擒打功是非常丰富的，许多打中拿或者拿中打的擒拿技法都可以在擒打功中体现。由于篇幅有限，这里仅仅介绍三个功法，希望读者参考后开发出自己喜欢的适合的技术功法。

【器材】脚靶、手靶和弹力带。

1. 切耳刁腋

【预备姿势】基本格斗姿势。

【动作过程】对方用脚靶拍击我头部时，我左手臂上挂防守，并翻腕捋带对方右手腕，我右横掌切击其头部外侧手靶；随后我右手顺势回刁对方右腋下，同时左手前推其手臂，形成擒拿反击。（图3-4-6）

【收功】将脚靶或手靶放于地面上，身体缓慢站直，两臂侧平举、上举，在头上相合后向下按掌置于体侧，气沉丹田，深呼吸5～10次，功毕。

图3-4-6

2. 转身冲拳

【预备姿势】背对弹力带，左脚前、右脚后站立，重心前三后七；左臂微屈，放于身前，右臂折叠，右手抓握弹力带一端，将弹力带拉紧，置于右肩前。

【动作过程】右后腿蹬地，转腰，丹田发力，右拳快速向前冲拳2次，利用爆发力拉紧弹力带达到最远端后，快速右转身约180°，右腿后插步（向前），与弹力带的固定端面对，右手快速回拉弹力带，略停顿1～3秒钟；随后，身体顺势左转约180°，再次快速冲拳2次。反复练习10～20次后，改变方向再用左掌冲击、回拉做同样的次数，练习3～5组。（图3-4-7）

【收功】同“切耳刁腋”。

图3-4-7

3. 进步撩掌

【预备姿势】背对弹力带，左脚前、右脚后站立，右手拉紧弹力带，左手胸前立掌。

【动作过程】左脚进步，右脚跟步，左转身，左手向右斜前推压至右肘窝处，右手快速向前撩掌，拉紧弹力带。随后，退步，还原为开始姿势。5～10次为一组，根据自身情况做3～6组。（图3-4-8）

【收功】同“切耳刁腋”。

图3-4-8

三、技身擒摔功

技身功法中的擒摔技，主要是通过一系列的功法练习提高擒拿实战中摔法技术的能力。擒拿中常用的摔法有一个特点是，擒拿摔法经常要有效控制游离端，利用反关节形成较为省力的摔法。那些直接抱腰、抱腿的相对费力的摔法不是擒拿摔法所崇尚的。这里重点介绍擒拿弹力带和擒拿地秤的擒摔功法。

（一）弹力带擒摔功法

【器材】擒拿训练带（封闭型弹力带）一端固定在木桩、横木或其他器材上，并将擒拿短棍与弹力带固定（弹力带的固定点高度可结合训练内容做相应调节）。

1. 下拉别腿摔

【预备姿势】面对弹力带，高马步站立，气沉丹田；双手抓握短棍两端，两手手臂前伸，微屈臂置于胸前。

【动作过程】双手快速下拉短棍，置于腹前，左脚向前上步，左脚以前脚掌为轴向右蹬地转腰约90°，左腿蹬直，左手向右下侧横推木棍，右手向左下横拉木棍，左手比右手动作幅度大，左肩向右下压与右胯相合，形成别腿摔动作。练习5～10次后，换向左转身，也做5～10次。左右姿势的别腿摔为一组，可以根据自己的实际情况做3～5组。（图3-4-9）

【收功】将弹力带放于地面上，两臂侧平举、上举，在头上相合后向下按掌置于体侧，气沉丹田，两掌贴于后腰部，由上向下按搓腰部的肾俞穴1～3分钟，功毕。

图3-4-9

2. 缠臂别腿摔

【预备姿势】面对弹力带，左脚前、右脚后站立，重心前三后七；右臂折叠，右手抓握弹力带一端放于右肩侧，将弹力带拉紧，左手臂前伸，贴于弹力带的下侧。

【动作过程】左右转身，左手臂随转身动作在体前逆时针旋拧一周，并把弹力带缠裹在前臂上，右后脚向前上一步，左转身约90°，右脚以脚尖为轴蹬转旋拧，右腿蹬直，左手下拉弹力带，同时右手向左下侧推压弹力带，形成缠臂别腿摔动作。练习5~10次后，换右脚前、左脚后的姿势，反方向做5~10次。左右姿势的缠臂别腿摔为一组，可以根据自己的实际情况做3~5组。（图3-4-10）

【收功】同“下拉别腿摔”。

图3-4-10

3. 下潜过胸摔

【预备姿势】背对弹力带，左脚前、右脚后站立，重心前三后七；弹力带一端挂在腰腹部。

【动作过程】身体背向弹力带的固定端，蹬地，左前脚微向前垫一小步，右后脚上一大步（根据弹力带的弹性调整步子前进的距离）身体下蹲，双手向前搂抱，身体快速直立，送腰挺胸；左右脚先后撤步，还原到预备式。练习5~10次为一组，可以根据自己的实际情况做3~5组。（图3-4-11）

注：过胸摔动作较为费力，但实战中较为常用，摔倒后再进行擒拿。该技术一定要强化用腰腿的合力将对方抱起来。另外，下潜摔时后脚上步可以是跪膝上步。

【收功】同“下拉别腿摔”。

图3-4-11

4. 旋带过背摔

【预备姿势】面对弹力带，高马步站立，重心在两腿中间；双手拉紧弹力带一端。

【动作过程】身体正向面对弹力带的固定端，右脚扣步，左转身约90°，左脚后插步，继续转身约90°，身体背向弹力带的固定端；双手先向前，使弹力带贴于右肩上靠近颈部位置，上体快速体前屈，同时双手下拉弹力带，形成过背摔的姿势；上体有控制地直立，左右脚换位，还原到预备姿势。左右姿势的过背摔各6～10次为一组，可以根据自己的实际情况做3～5组。（图3-4-12）

【收功】同“下拉别腿摔”。

图3-4-12

5. 撣手坡踢摔

【预备姿势】面对弹力带，左脚前、右脚后，三体式站立，重心前三后七；左臂微屈，放于身侧，右臂折叠，右手抓握弹力带一端，将弹力带拉紧，置于右肩前。

【动作过程】右转身约60°，右手回拉弹力带，随后左手从下向上用手背撣抽身前弹力带，左手翻掌，手指向下抓握住弹力带中部；右后腿向右前垫一小步，左转身约90°，左脚外掰向前踢出，左手逆时针旋拧并回拉弹力带至左肘侧，同时右手向左前侧横推。练习10～15次后，换右脚前、左脚后姿势，也做10～15次。左右姿势为一组，可以根据自己的实际情况做3～5组。（图3-4-13）

注：此动作和中国跤中的坡脚动作相似，所以取名撣手坡脚摔。

【收功】同“下拉别腿摔”。

图3-4-13

6. 下十字手别腿摔

【预备姿势】背对弹力带，左脚前、右脚后站立，重心前三后七；双手各拉紧弹力带两端，置于胸前。

【动作过程】上体微前倾，蹬地，左前脚微向前垫一小步，随即右后脚跟步（根据弹力带的弹性决定步子前进的距离），双手成十字手型向前下快速出拳拽拉弹力带；手臂基本伸直后，双手一前一后顺时针旋转，从右手在上的阳十字手变为左手在上的阴十字手，同时右脚向左前上步，右转身约90°，右脚以脚前掌为轴，蹬地旋拧，右腿蹬直；1～3秒的停顿后，撤步，双手随弹力带的回缩，还原成预备姿势。左右姿势的十字手各6～10次为一组，可以根据自己的实际情况做6～10组。（图3-4-14）

【收功】同“下拉别腿摔”。

图3-4-14

7. 上十字手别腿摔

【预备姿势】背对弹力带，左脚前、右脚后站立，重心前三后七；双手各拉紧弹力带两端，成基本格斗姿势。

【动作过程】上体微前倾，蹬地，左前脚微向前垫一小步，随即右后脚跟步（根据弹力带的弹性决定步子前进的距离），双手成十字手型（右手在下，左手在上）向前上快速出拳拽拉弹力带；手臂基本伸直后，双手一前一后逆时针旋转，从右手在下阴阳十字手变为右手上的阳阴十字手，同时右脚向左前上步，右转身约90°，右脚以脚前掌为轴，蹬地旋拧，右腿发力快速蹬直；1~3秒的停顿后，右腿撤步，双手随弹力带的回缩，还原成预备姿势。左右姿势的十字手各6~10次为一组，可以根据自己的实际情况做6~10组。（图3-4-15）

注：后固定的弹力带，在做上十字手时，固定点应该略低；做下十字手时，固定点应该略高。

【收功】同“下拉别腿摔”。

图3-4-15

（二）擒拿地秤功法

【器材】擒拿地秤。

1. 转身胯别摔

【预备姿势】左手抓握地秤上端，身体自然站立，面向地秤。

【动作过程】右脚上步，右手臂旋拧，手心向上，反手抓地秤杆中部；左脚后插步，随后双腿蹬地，胯部后上发力弹击，双手一上一下用力，使地秤沿体侧打起落地。左右姿势各5~10次为一组，可以根据自己的实际情况做3~5组。（图3-4-16）

【收功】将地秤放好，身体站直，调整呼吸，两臂侧平举、上举，在头上相合后向下按掌置于丹田，气沉丹田；重复该动作5~10次，功毕。

图3-4-16

2. 旋拧过背摔

【预备姿势】双手抓握地秤上端，身体自然站立，面向地秤。

【动作过程】双手画大弧线旋拧地秤杆，右脚扣脚上步，左脚后插步，形成地秤杆在背后的姿势，随后双腿蹬地，胯部向后上发力弹击，双手用力下扳，使地秤从后背上打起落地，形成过背摔。左右姿势各5～10次为一组，可以根据自己的实际情况做3～5组。（图3-4-17）

【收功】同“转身胯别摔”。

图3-4-17

3. 坡踢摔

【预备姿势】右手抓握地秤上端，身体自然站立，面向地秤。

【动作过程】左脚上步，右手上提，同时右脚向斜上方坡踢（脚外掰，用脚心踢）地秤杆下端，将地秤踢起；右手用力有控制地放下地秤。左右动作各做5~10次为一组，可以根据自己的实际情况做3~5组。（图3-4-18）

【收功】同“转身胯别摔”。

图3-4-18

4. 挑踢摔

【预备姿势】右手抓握地秤上端，身体自然站立，面向地秤。

【动作过程】左脚上步，右腿盘住地秤的下端，右腿向后上方踢起，右手配合用力，使地秤沿体侧打起落地。左右动作各做5～10次为一组，可以根据自己的实际情况做3～5组。（图3-4-19）

【收功】同“转身胯别摔”。

图3-4-19

第四章 腿功

擒拿腿功可以分为腿法功和活步功。腿法功以挫踢腿、正蹬腿、别腿、挑腿等常用擒拿进攻型腿法功为主。活步功以步法基本功为主，内容有快冲步、掰扣步、弧形步、三角步和绳梯的各种步法练习等。

第一节 腿法功

擒拿腿法功有与散打基本相同的正蹬腿、边腿等，也有可以进攻裆部和关节的撩阴腿和挫踢腿，还有以摔倒或控制对方的挑腿和插崩别腿等。

一、挫踢腿

【器材】弹力带一端固定在身后的木桩、横木或者其他东西上，或者弹力带一端或两端固定在脚踝上。

【预备姿势】警戒姿势，左脚前、右脚后，屈臂，两手立掌于胸前。

【动作过程】右后腿快速向前提膝，小腿顺势快速踢出，踢出高度大约是阴陵泉穴的位置，脚尖勾起，发力点为脚前掌处；随着弹力带的伸缩回复到预备姿势。（图4–1–1）

图4–1–1

注：右腿前踢时，左腿要向下用力，稳定重心。

【收功】用擒拿竹束轻敲腿部肌肉5～10遍；气沉丹田，面带微笑，深呼吸5～10次，功毕。

二、正蹬腿

【预备姿势】警戒姿势，左脚前、右脚后，屈臂，两手立常于胸前。

【动作过程】右脚快速蹬出，动作要求与散打正蹬脚要求基本相同。10～20次后，换另一侧脚。左右做完一次为一组，练习3～5组。（图4-1-2）

【收功】同“挫踢腿”。

图4-1-2

三、撩阴腿

【预备姿势】警戒姿势，左脚前、右脚后，屈臂，两手立掌于胸前。

【动作过程】左前脚向左斜前方上一小步，右后脚随后跟步，置于左脚脚踝处；动作不停，右腿向前提膝画弧线向右前上方快速踢击，力达前脚掌；随弹力带的回缩有控制地弧形回到预备式。可以右脚连续撩踢，也可以左右脚交替进行，10～20次一组，练习3～5组。（图4–1–3）

注：撩阴踢是以弧形踢出，并弧形回收。

【收功】同“挫踢腿”。

图4–1–3

四、后蹬腿

【预备姿势】弹力带一端套在左肩部，左膝跪于垫子上或成站立姿势，弹力带另一端挂于右脚底部。

【动作过程】右腿快速向后蹬腿，后背微挺，头向右侧微转，眼睛看右腿后蹬方向。右腿蹬后有控制地回收成预备姿势。10～20次一组，练习3～5组。（图4–1–4）

【收功】同“挫踢腿”。

图4-1-4

五、插崩别腿

【预备姿势】弹力带微绷紧，前后步，自然放松站立，两脚与肩同宽。

【动作过程】左脚上步，脚尖点地，身体快速右转约90°，重心偏左脚，同时以前脚掌为轴，右脚跟快速外旋蹬地，右腿蹬直，注意转身时右腿发力通透。右转身约90°，收右脚成预备姿势。再重复做左脚插崩别腿动作，5～10次为一组，左腿一组做完之后，换成右腿做插崩别腿，可以根据自己实际情况做5～10组。（图4-1-5）

【收功】同“挫踢腿”。

图4-1-5

六、转身挑腿

【预备姿势】两脚前后开立成警戒姿势，双手立掌于胸前，上体自然放松。

【动作过程】右脚扣脚上步，脚尖点地，身体快速左转约180°，同时左脚以脚前脚掌为轴转动；动作不停，右脚跟领劲，快速向后上方挑踢，高过头；上体前屈，收脚回到预备姿势。继续扣右脚上步，左转身，挑右腿。右腿做10~20次为一组，之后换成左腿。（图4-1-6）

【收功】同“挫踢腿”。

图4-1-6

第二节　活步功

武术界有“传拳不传步，传步打师父”之说，步法灵活在以尚巧求变为主体技术的擒拿实践中是至关重要的，可使纵有千斤神力的敌人没有用武之地。常见活步功法有快冲步、掰扣步、三角步，还有以传统的五行步阵、九宫步阵和现代流行的较为灵活的绳梯步法。

一、快冲步

【预备姿势】身体自然直立，两脚开立，比肩略宽，屈臂，两手立掌于胸前。

【动作过程】右脚上步，左手立掌向前直推，高度为假想敌的鼻子位置；动作不停，左脚向前上步，右手立掌向前直推，高度同上；随后，左右脚交替快速上步移动，直线前进。3～5米为一组，练习3～5组。（图4–2–1）

【收功】两腿与肩同宽，自然站立，吸气，两臂侧平举、上举，在头上两手相合；随后，体前屈，双手向下按掌至地面，同时呼气，停顿片刻后起身还原自然站立姿势。重复整个动作5～10次，功毕。

图4–2–1

二、掰扣步

【预备姿势】左脚前、右脚后站立，屈臂，两手立掌于胸前。

【动作过程】左脚向左斜前方外掰约90°，右脚在左脚前扣步，身体左转约90°；右脚再向右斜前方外掰约90°，左脚在右脚前扣步，同时右转体约90°；本组动作做完，基本上回到预备式的位置和方向。重复整个动作10～20次。（图4-2-2）

注：掰扣步可以顺时针掰扣，也可以逆时针运动，还可以一顺一逆变换方向运动。掰扣的角度可大可小，也不一定是90°。

【收功】同“快冲步”。

图4-2-2

三、三角步

【预备姿势】两脚开立约与肩同宽，两臂微屈，立掌于胸前，成警戒姿势。

【动作过程】右脚先与左脚并拢（三角形第一个顶点），再向前上一步（三角形第二个顶点），重心微前移后马上后移，右脚落地后马上按原线路返回，再落地站稳（三角形第三个顶点）。左脚重复右脚动作，左右各做一次为一组，可做5～10组。（图4-2-3）

【收功】同“快冲步”。

图4-2-3

四、五行步阵

【场地】先在地面上画出或贴出五行图，也可以用锥桶摆出五行图（图4-2-4），图直径大小是3～5米。

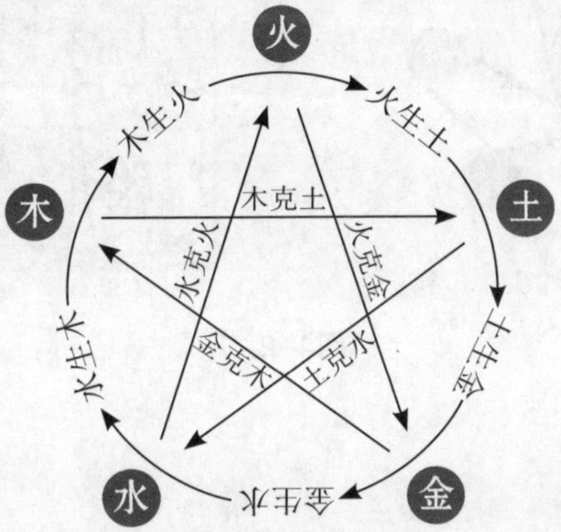

图4-2-4

【预备姿势】右脚前、左脚后，前后步站立，两臂微屈，立掌于胸前，成格斗警戒姿势。

【动作说明】具体步法动作不受限制，可以从木快速进步到土，从土直接退步到水，从水微转身，再进步到火，从火快速退步到金，从金微转身进步到木，以上是走相克的路线，也可以走相生的路线或混合着走。

五、九宫步阵

【场地】先在地面上画出九宫图，总面积9平方米左右。中间的“五”或“一”较大。也可以采用与身高差不多高度的竹竿或木棍，插在地上；还可以用锥桶或砖石代替。

【预备姿势】同“五行步阵”。

【动作说明】从中间的“五”或“一”开始，按一定顺序最后回到中宫。数字之间的距离，可以用上步、进步、退步、撤步完成；经过数字时，可以用弧形步、三角步、掰扣步等步法完成。可以把擒拿技术与急进急退、左躲右闪的步法相结合。（图4-2-5）

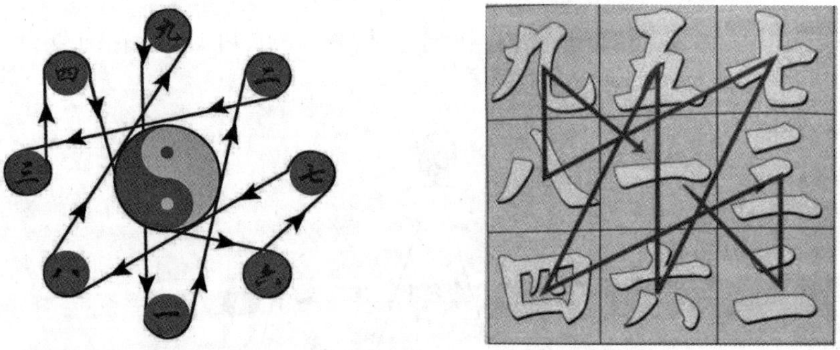

图4-2-5

六、绳梯步法

绳梯步法是目前非常流行的提高格斗步法协调性和灵活性的一类方法，在网上查阅比较方便，本书由于篇幅所限，故略去。

第五章　膝肘功

擒拿膝肘功原本可以放在技身功中，但膝法与肘法杀伤性非常强，在实用擒拿的打击类技术中具有举足轻重的地位，因此单独列出一章，以显示其重要性。肘法和膝法具体技术不多，但都具有以一当十的效果。

第一节　肘功

武术中有“宁挨十拳，不挨一肘”之说，可见肘击威力之大。一方面，擒拿肘功要提升肘击的速度、力量和协调能力以提升其威力；另一方面，擒拿中还有一些以控制为主的肘击，在擒拿肘功中也有体现。

一、进步横肘

【预备姿势】左脚前、右脚后站立，右臂微屈，左手抓握弹力带一端，沉肩坠肘。

【动作过程】左前脚进一小步，右肘夹肘外撑，右肘尖画弧线向左上方（假想敌的头部）快速横肘击打，同时右脚跟半步。右后脚撤步，左前脚回收，还原成预备式。8～20次为一组，左右各做2～3组。（图5-1-1）

图5-1-1

【收功】解下弹力带，用擒拿竹束轻敲手臂、肩部、后背、腰部和腿部肌肉，达到放松肌肉的目的。然后，双手相叠抱压在下丹田，闭目，意识观呼吸，面带微笑，深呼吸10～20次，功毕。

二、转身横肘

【预备姿势】同“进步横肘”。

【动作过程】假想对方右直拳进攻我头面部，我双手一前一后封挡对方的直拳，同时左腿进步扣脚，右脚后插步，右转身约270°，右横肘向前猛击对方头侧或头后。停顿1～3秒后，有控制地左转身，回到预备姿势。（图5-1-2）

【收功】同“进步横肘”。

图5-1-2

三、后坐肘

【预备姿势】面对弹力带，高马步站立，双手屈臂于腹前，右手抓弹力带微拉紧。

【动作过程】两臂同时外撑，两肘远离躯干，两脚蹬地，上体右转，右臂夹肘，右肘尖紧贴身体向身后快速击打，同时左肘前撑；动作还原到预备姿势，进行下一次练习，8～20次为一组，左右各练习2～3组。（图5-1-3）

【收功】同“进步横肘”。

图5-1-3

四、下劈肘

【预备姿势】左脚前、右脚后站立，右前臂立于右肩前，左手屈臂，左手抓握弹力带一端。

【动作过程】左前脚前进一小步，右肘高举，右臂并拢，肘尖画弧线由后上向前下劈砸，力达肘尖，同时右脚跟进半步；停顿1～3秒后，还原成预备姿势。8～20次为一组，左右各可做2～3组。（图5-1-4）

【收功】同“进步横肘”。

图5-1-4

五、冲撞肘

【预备姿势】右脚前、左脚后，警戒姿势站立，屈臂立于胸前，背对弹力带，弹力带一端系在右肘上部，调整好距离后把带子拉紧。

【动作过程】后脚蹬地，前脚快速进步，后脚跟步，连续做两次，第二次时重心微降低成高马步，双手护住自己的头部，右臂夹肘，肘尖向前冲，利用后腿的前蹬和快速向前的惯性，力达肘尖；停顿1～3秒后，退回到预备式。进行下一次练习，8～20次为一组，左右各做2～3组。（图5-1-5）

【收功】同“进步横肘”。

图5-1-5

六、擒拿十三肘

擒拿十三肘是借鉴了泰拳、太极拳和八极拳等打击类肘法，并与擒拿的控制类肘法相融合的一套以实用为主的肘法套路组合，由笔者与高世杰结合多年擒拿教学经验创编而成，并由赵大元先生和杜振高先生审定。其特点有打控结合、注重核心、大开大合、凶悍严谨。擒拿十三肘在擒拿功法体系中是为数不多的以套路形式训练提升的功法，该功法要求动作非常熟练，需做到不假思索地、快速高质量地完成。

【预备姿势】自然站立。

第一式　顶肘

【动作过程】右脚进步，左脚跟步，右臂折叠，用肘尖向前冲顶对方胸腹部。（图5–1–6）

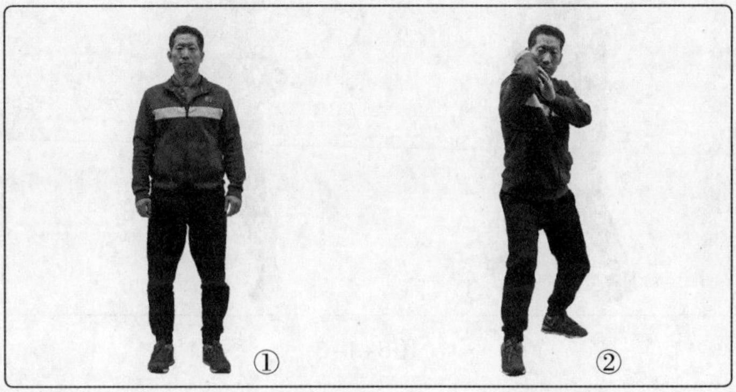

图5–1–6

第二式　挟肘

【动作过程】接上式，右手右斜前伸，随后向下、向回绕弧线，右臂折叠，挟对方手臂，同时左转身，折其手臂。（图5–1–7）

图5–1–7

第三式　坐肘

【动作过程】接上式，两肘前撑，右肘贴自己右肋向后坐肘，用肘尖击打对方腹部。（图5–1–8）

图5–1–8

第四式　右前横肘

【动作过程】接上式，左转身约90°，右臂折叠，用右肘尖从右到左横向扫击对方头部。（图5–1–9）

图5–1–9

第五式　右后横肘

【动作过程】接上式，右转身约90°，右臂折叠，用右肘尖从左到右横向扫击对方头部。（图5-1-10）

图5-1-10

第六式　左前横肘

【动作过程】接上式，右转身约90°，左臂折叠，用左肘尖从左到右横向扫击对方头部。（图5-1-11①②）

第七式　左后横肘

【动作过程】接上式，左转身约90°，同时左臂折叠，用左肘尖从右到左横向扫击对方头部。（图5-1-11③）

图5-1-11

第八式　右上挑肘

【动作过程】接上式，身体微左转，右臂折叠，用右肘尖由下向上挑击对方头部。（图5-1-12①②）

第九式　右下砸肘

【动作过程】接上式，身体微右转，同时右臂折叠，用右肘尖由上向下砸击。（图5-1-12③）

图5-1-12

第十式　左上挑肘

【动作过程】接上式，身体微右转，同时左臂折叠，用左肘尖由下向上挑击对方头部。（图5-1-13①②）

第十一式 左下砸肘

【动作过程】接上式，身体微左转，同时左臂折叠，用左肘尖由上向下砸击。（图5-1-13③）

图5-1-13

第十二式 转身后扫肘

【动作过程】接上式，双手右斜前推，左脚扣步，右转身约270°，同时右臂折叠，用右肘尖向后扫击对方后脑。（图5-1-14）

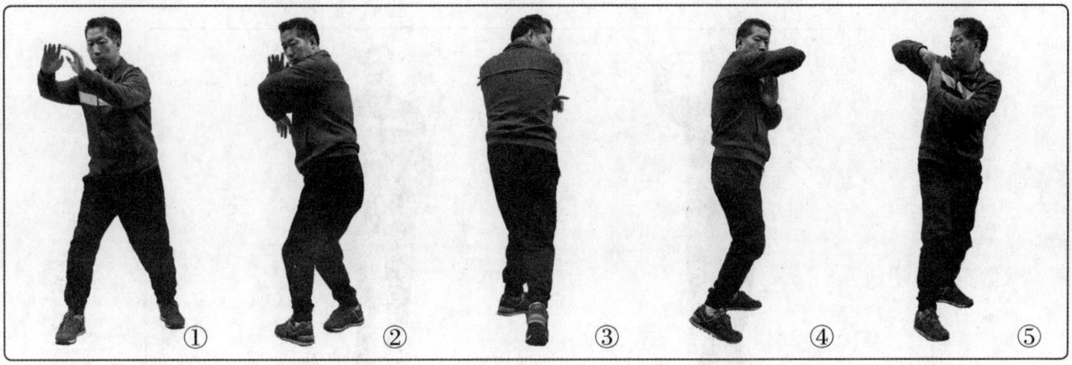

图5-1-14

第十三式　盘肘

【动作过程】接上式，屈右臂，左手扣抓自己右手腕，同时左转身约70°，带动右肘向左侧横向画小圆弧后，再右转身约90°，向右侧横向画大圆弧，形成右肘盘击。（图5-1-15）

图5-1-15

【收式】接上式，后脚跟步，并步站立，双手前伸，慢慢下落于体侧，身体站直。（图5-1-16）

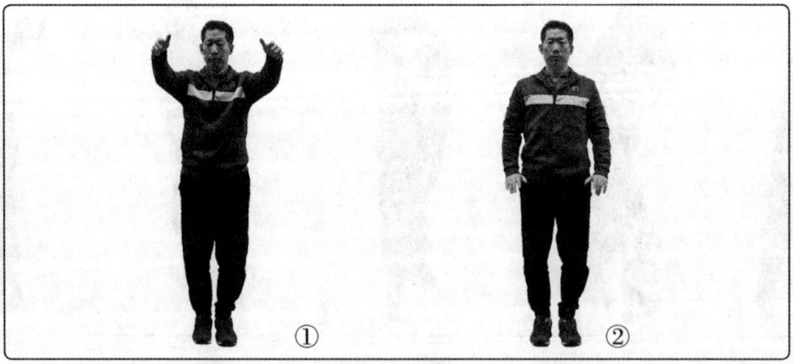

图5-1-16

第二节　膝功

形意拳歌诀中讲“膝打几处人不明，好似猛虎出木笼”，擒拿中也非常注重膝法的运用。髋关节有丰富的肌肉覆盖，加之股骨和膝关节的骨头都非常坚硬，使膝击成为无坚不摧的重炮，所以膝功在擒拿功法中也是不可或缺的重要组成部分。

一、上顶膝

【预备姿势】左脚前、右脚后，警戒姿势站立，双手前臂立于胸前，背对弹力带，弹力带一端系在右膝下方，调整好距离把带子拉紧。

【动作过程】右膝快速向前上撞顶，上体微后仰，沉肩坠肘，双手合抱，顺势下拉，停顿1～3秒，动作有控制地还原到预备姿势，进行下一次练习。10～20次为一组，左右各做2～3组。（图5-2-1）

图5-2-1

【收功】用擒拿竹束轻敲脚部、臀部肌肉，然后，双手相叠抱压在下丹田，闭目，意识观呼吸，面带微笑，深呼吸10～20次，功毕。

二、前冲膝

【预备姿势】同“上顶膝”。

【动作过程】双手前伸，快速回拉，同时右腿提膝，大小腿折叠向前送髋，右膝向前快速冲击，高度为对方的腹部位置。10～20次为一组，左右各做2～3组。（图5-2-2）

【收功】同“上顶膝”。

图5-2-2

三、低刺膝

【预备姿势】同“上顶膝”。

【动作过程】面对直拳时，右手勾锁对方头颈部回拉的同时，右后腿提膝，大小腿折叠向前送髋，右膝向前快速刺出，高度为对方大腿或膝关节的位置。10～20次为一组，左右各做2～3组。（图5-2-3）

【收功】同“上顶膝”。

图5-2-3

四、膝跪沙包

【预备姿势】左脚前、右脚后，警戒姿势站立，双手前臂立于胸前，沙包放置在两脚之间。

【动作过程】左转身约45°，右后腿屈膝下跪击打沙包。身体直立还原成预备姿势，右转身约45°，左前腿屈膝下跪击打沙包。左右各一次为一组，可做20～30组。（图5-2-4）

图5-2-4

五、膝肘爬行

【预备姿势】以两肘两膝为支撑俯卧在垫子上。

【动作过程】用膝肘交替支撑，向前、向后或横向爬行。20～30米为一组，可做2～5组。（图5-2-5）

【收功】同“上顶膝”。

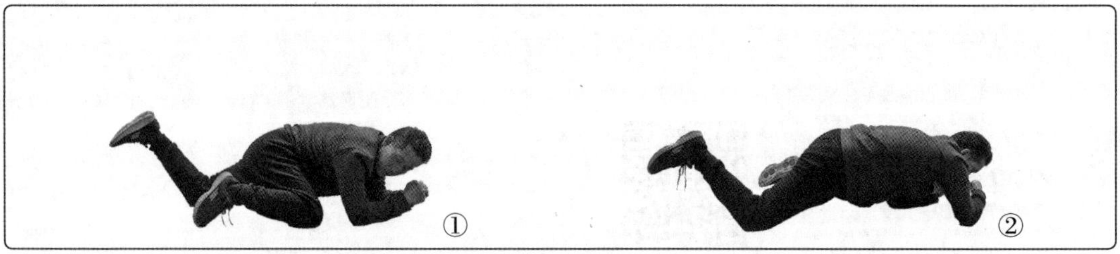

①　②

图5-2-5

第六章　养息功

在古代汉语中，“消息”是意义相反的两个动词的并列。“消”指“消失”，“息”指“生长”，本义为一消一长（zhǎng）、相互更替，也就是变化的意思。“消息”一词出自《易经·彖传下·丰》：“日中则昃，月盈则食，天地盈虚，与时消息，而况于人乎？”《庄子·秋水》中也有记载：“年不可举，时不可止，消息盈虚，终则有始。”

消息表示变化的意思，再加以引申，就是变通、节度、调整等。《颜氏家训·书证》篇曰：“考校是非，特须消息。”此言说明文字考校，应当调节变通，不能过于拘执。《北齐书·祖珽传》曰：“边境消息，处分兵马，赵令尝与吾等参论之。”这里的“消息”指对边境事务的调度与安排。值得注意的是，控制机关的枢纽也叫“消息”，因为一开一关之间这个枢纽有所变化，所以枢纽的作用就在调度、节制，而这正是“消息”本义的引申。《红楼梦》第四十一回写醉酒的刘姥姥撞进了“迷魂阵”中，怎么也出不来，“乱摸之间，其力巧合，便撞开消息，掩过镜子，露出门来”。

“息”字始见于商代甲骨文（图6-0-1中1）及商代金文（图6-0-1中2），其古字形像鼻子出气，本义指气息、呼吸。战国之后的篆体加“心”字底。呼吸是有生命的象征，因此又引申为繁殖、滋生，再引申指子女。利钱是由本钱生出来的，于是引申出利息之义。由气息又可引申指消息。

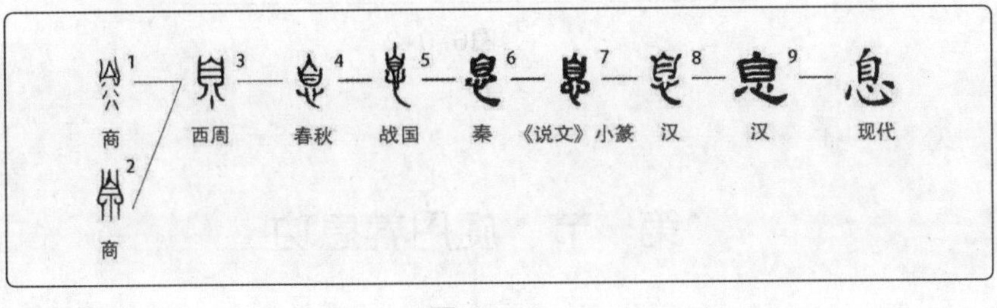

图6-0-1

修炼擒拿功诀，其核心目的是提高自己，使自己不断地成长，取“息”字的本义。息还有变通、节制的意思，也是提醒修炼者在提升自己的过程中注重变通，注重调度自身的各方面资源，抓住核心枢纽，从而更高效地以武成人。息还有停止之意，引申为歇息和安宁之意。内功修身，不仅可使身体强健，更重要的是控制住自己的情绪和思想，使自己身心安宁，但思想（念头）常常像野马一样，到处乱跑，你自己做不了自己的主人。如何把思想（念头）拴住，儒释道三家都有“出入息”“观呼吸”的修炼法门，其目的都是通过意识觉知，把呼吸和思维合二为一，达到“知止而后有定，定而后能静，静而后能安，安而后能虑，虑而后能得”“真人之息以踵”“命蒂原来在真息”的境界。这也是养息功名字的主要内涵。

内功修行时，要精神专一，也就是全然地活在当下，觉照于当下。思想（念头）完全放空，这时呼吸慢慢充满，自然“停止”。南怀瑾老师称，这就叫作“止息”，也就是“真人之息”，或叫作“真息”。呼吸“停止”了，思维也就专精了，也就是控制住了心猿意马，“心”与“息”两个合而为一。就如同是太极图一阴一阳各是心和息，要用意识也就是觉知（图中的“S”型）来调和，从而达到了“如如不动”“成性存存”的至高境界。（图6-0-2）

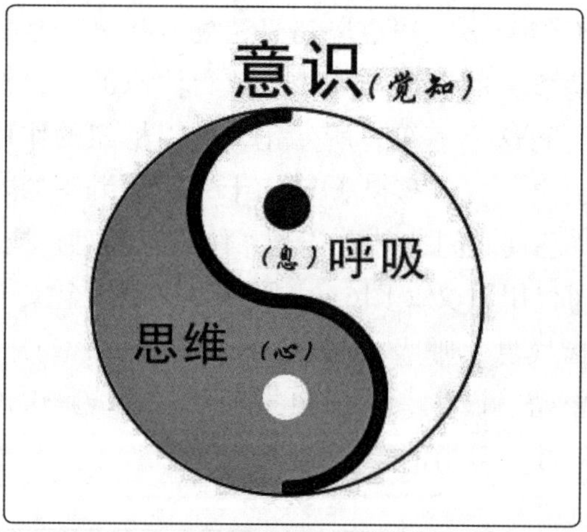

图6-0-2

第一节　旋丹养息功

养息功的初步功法分为养息导引功和旋丹养息功。养息导引功，是呼吸运动与肢体运动相结合的一种养生功法，与“八段锦”“五禽戏”是同一类型功法。旋丹养息功是借助下丹田多种旋转方式调息养气的一种功法，主要内容有抱气归丹、冠面旋丹、开合旋丹、平摇旋丹、磨盘旋丹和复合旋丹等。

一、抱气归丹

【预备姿势】自然站立，两脚与肩同宽，两眼平视前方。

【动作过程】慢慢吸气，上体微后仰，两臂伸直从体侧向上举，意念将天上之清气合拢，形成能量球（此动作为吸气动作）。双手在头正上方并拢，两掌根与两手的大拇指、食指相贴，其余三指交叉相扣，食指上引，两臂用力伸直，同时两脚用力下踩，把四肢和身体完全拉开（此动作为闭气动作），当不能再闭气时，两手掌分开，双掌掌心向下，沿身体正面中线，从头向腹部按掌，意念想着把能量球，从头顶贯入丹田（此动作配合缓慢吐气），上体恢复自然站立姿势。不断重复此动作6～9次。（图6-1-1）

图6-1-1

二、冠面旋丹

【预备姿势】站姿、仰卧或坐姿皆可，我们以站姿为例。身体自然站立，两脚比肩略宽，双手叠掌置于腹前（下丹田处，男士右手在上，女士左手在上）

【动作过程】双掌微下压小腹，小腹充实，以命门穴为圆心，顺时针旋转腰腹，动作要配合呼吸，吸气时，胯肩相合，小腹从右下旋转至左上；呼气时，肩膝微开，小腹从左上旋转至右下。6～9圈后，再做逆时针旋丹。（图6–1–2）

图6–1–2

此功法可以参考赵大元先生在《擒拿秘籍〈九重天〉译注》一书中撰写的“五行理气按摩法”：

双手相叠（劳宫相向），男右上左下，女则反之。按在丹田，随息圆转按揉，男左上而右下而圆转六周，后亦反转六周，女则反之。然后以脐（命门）为圆心，按前法，沿腹周行五藏大圈，正反各圆转按摩运行九圈。切记，要以意领息，上行吸之，而下行则呼之。此为五行理气排郁之法。

三、开合旋丹

【预备姿势】站姿、坐姿或卧姿（侧卧）皆可，以站姿为例。身体自然站立，两脚与肩同宽，双手自然垂于身体两侧。

【动作过程】吸气时，命门穴向身后顶，肩胯相合，小腹从前下向后上滚旋；两臂内旋360°，两肩向前下微扣；呼气时，命门穴向身前顶，肩胯微开，小腹从后上向前下滚旋，两臂外旋360°（小指向前），两肩向后下压，胸部完全展开。在一个呼吸过程中，小腹沿矢状面画一圆弧。9次为一组，可根据自己的体能做6～10组。（图6-1-3）

图6-1-3

意念可以参考赵大元先生在《擒拿秘籍〈九重天〉译注》一书中撰写的“小周天功法”：以意领气，循督、任两脉周转运行为小周天。沿督脉上行，为阳中抱阴，为练精化气。沿任脉下行，为阴中抱阳，为练气还精，并而练气完神。

上行：接上始行，以意引气在丹田周转六周后，意引“涌泉”上提吸（五趾抓地，涵足心），地母（阴精）经肾汇聚丹田，与运行之真气合而为一。闯三关：即闭提谷道，以意领气（引火逼金）闯尾闾，沿脊柱（督脉）上行，通夹脊，过玉枕，直达昆仑（头顶百会穴）。

下行：虚领顶项，“百会穴”吸纳天父（阳精）与运行之真气合而为一。则意领下行经“祖窍”（上丹田）入鹊桥（舌）汇神水（精津二液），随息咽下，沿“任脉”经“膻中”（中丹田）沉归气海（下丹田）。此为行气一周天。复用前法，连行六至九次。（图6-1-4）

这里着重要指出：你用意领的气是“内气”，绝不是外气（呼吸之气）。你的呼吸（外气）要循乎自然，细绵沉长。千万不可憋气、努气而伤身。

另外，在开合旋丹的“合”时，劲力是从足底起到后背（武术术语：气贴脊背）；在开合旋丹的“开”时，丹田翻滚，劲力通过大腿到达脚底后，还可以入地三尺。劲力的入地三尺不仅仅是意念的想象，应该是确有其实。当然也可以意念领气，达到“呼吸以踵”的效果。（图6-1-5）

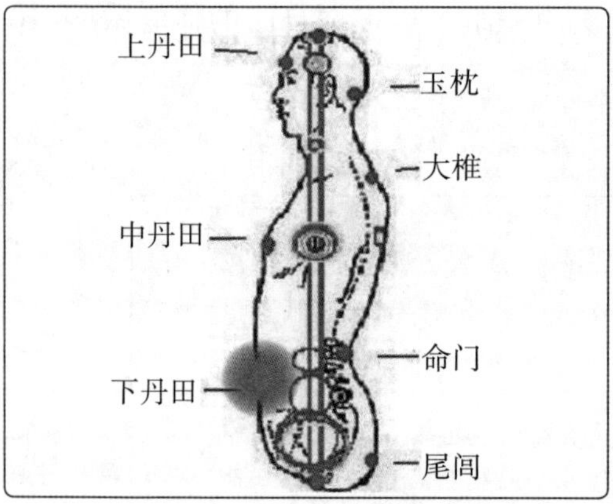

图6-1-4

图6-1-5

四、平摇旋丹

【预备姿势】身体自然站立，两脚脚跟并齐，两手自然下垂于身体两侧。

【动作过程】腰胯先向右侧顶出，然后向前、向左、向后绕弧线，形成腰绕环动作；动作不停，继续逆时针腰绕环20次后停止，再反方向顺时针腰绕环20

次。（图6–1–6）

此动作配合呼吸的方法，可以是慢速大动作，腰在体前环绕时呼气，腰在体后环绕时吸气，一吸一呼腰胯转一圈。也可以是中速小幅度，腰转3圈或5圈一吸，再转同等圈数一呼。

图6–1–6

意念：身体中正，虚灵顶悬，气沉丹田，把脊柱上下拉伸，在水平摇旋下丹田时注意身心放松，呼气时可以用意念把身体的病痛、内心的不愉快、思想的纠结全部旋飞到九霄云外。（图6–1–7）

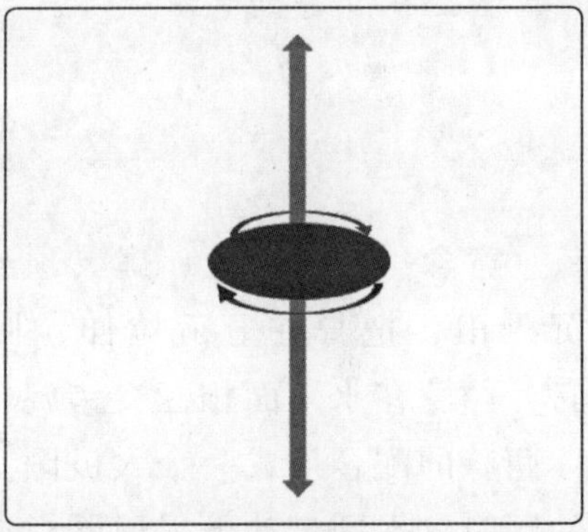

图6–1–7

五、磨盘旋丹

【预备姿势】站姿，两脚开立，约两倍肩宽距离，双手自然放于体侧。

【动作过程】身体重心随双腿交错画大椭圆形；两膝关节以脚为中心，相互交错旋转画两个小椭圆形，身体随呼吸微开微合。（图6–1–8）

图6-1-8

意念：身体中正，虚灵顶悬，气沉丹田，把脊柱上下拉伸，圆裆开胯，两膝在水平面相互交错旋转，具体两膝的配合形成一个太极图。两膝的顺时针平圆带动下丹田同样进行顺时针的旋转。注意身心放松，注重呼气。（图6-1-9）

图6-1-9

六、复合旋丹

【预备姿势】站姿、坐姿皆可，以站姿为宜。身体自然站立，两脚与肩同宽，或是两倍肩宽距离。屈膝成高马步，左手按于下丹田，右手平伸。

【动作过程】以腹部为核心，腹部做冠面立圆旋丹（冠状面）；双腿配合腹部动作相互交错做顺时针旋转成椭圆形；上体随双膝做平圆旋转（水平面）；身体前后做开合旋丹（矢状面）；右手带领身体做多圆复合在一起的旋丹动作，20 ~ 50次。（图6–1–10）

各部位相互协同，形成统一整体弧线运动。（图6–1–11）

图6–1–10

图6–1–11

意念：身体中正，虚灵顶悬，气沉丹田，把脊柱上下拉伸，圆裆开胯，两膝在水平面相互交错旋转，具体两膝的配合形成一个太极图。两膝的顺时针平圆带动下丹田同样进行顺时针的旋转。注意身心放松，注重呼气。

上体以命门为轴心，下丹田做冠面旋丹，上体随双膝做平圆旋转也就是磨盘旋丹，双手做斜立圆旋转，双腿相互交错做顺时针旋转成椭圆形，身体随呼吸大开大合，也就是矢状面的开合旋丹，双臂、双腿和躯干以命门为轴心各自画圆，各个圆相互关联、相互配合。

第二节 养息导引功

“导”是指“导呼吸”，让呼吸和顺，“引”是指引体，让身体柔顺，是呼吸运动与肢体运动相结合的一种养生功法。其主要目的是养息，所以练习养息导引功时，一方面要注重身体的柔顺和舒展，另一方面还要注重呼吸的绵长、顺畅。当然身心是一体的，想要肢体的放松柔舒，心境也必须安静、泰然。

一、仙鹤展翅

【预备姿势】自然站立，两脚与肩同宽，两臂自然垂于体侧。

【动作过程】慢速提踵，同时双手从体侧向上侧举，手指放松，自然分开，手腕领劲（此动作配合慢慢吸气）；两手腕到达体侧约头顶高度时，微停片刻（此动作不吸不呼）。此时，面带微笑，舌抵下颚，如果口中有津液，则配合两臂下落动作，将津液咽下。后脚跟缓慢落地，同时两臂从体侧缓慢下落，双手抱于下丹田处，手心向上。重复此动作。（图6-2-1）

图6-2-1

二、河住江翻

【预备姿势】自然站立，双脚开立，比肩略宽。

【动作过程】双手从体侧向前、向上举起，上体微后仰（约30°），眼看手指方向，手臂放松不刻意伸直（此动作配合缓慢吸气）；体前屈，微下蹲，双手臂从头上向前、向下挥摆，两前臂在胯下，肘关节在膝关节附近，头微低，大约下降到膝关节的高度（此动作配合快速吐气）；然后，身体慢慢恢复直立。重复以上动作。（图6–2–2）

图6–2–2

三、移星换斗

【预备姿势】两脚并立，身体站直，双手在腹前交叉，掌心向上，微屈肘。

【动作过程】双手沿身体正中向上托至胸口高度，右转身约45°，掌心外翻，双手向右前方推出，两臂伸直；吸气，两臂向右上举起，身体微后仰，慢慢向左转身约90°；慢慢呼气，双手沿体侧中线向下按掌，上体前俯成体前屈，双手掌推至左脚外侧，微停数秒；双手尽力下按，继续呼气，把气吐干净；然后慢慢吸气，起身，双手直臂向左上摆起，身体微后仰，两臂伸直，向右转身约90°；慢慢呼气，双手沿身体体侧中线向下按掌，上体前俯成体前屈，双手掌推至右脚外侧，微停数秒；双手尽力下按，把气吐干净。重复以上动作9～15组。（图6–2–3）

图6-2-3

四、灵犀望月

【预备姿势】两脚开立，与肩同宽，双手合抱于丹田。

【动作过程】右手向右斜前方上举，右臂基本伸直后屈肘前臂回收，手掌置于胸前；慢慢吐气，体前屈，右手沿左腿前侧下按，掌心放于左脚面上，同时左臂向后、向上伸展，手臂尽量伸直垂直于地面，两臂成一条直线，头微转，眼睛看左手方向，微停数秒，把气吐干净；缓缓吸气，眼睛尽量保持看左手，左手直上举尽量保持不动，上体缓慢起身成直立，同时身体微右转，左手向右肩下按，慢慢吐气，体前屈，左手沿右腿前侧下按，掌心放于右脚面上，同时右臂向后、向上伸展，手臂尽量伸直垂直于地面，两臂成一条直线，头微转，眼睛看右手方向，微停数秒，把气吐干净；缓缓吸气，眼睛尽量保持看右手，右手直上举尽量保持不动，上体缓慢起身成直立，完成一组动作。不断重复此动作10～20组。（图6-2-4）

图6-2-4

五、黑熊反背

【预备姿势】自然站立，两脚与肩同宽，双手成抱球状于腹前。

【动作过程】双手从丹田向上托到胸前，翻掌向前推出；同时体前屈，双手推按在各自同侧的两脚上；身体左转，右手叠放在左手上，头用力向后看，右侧后背充分拉开（此动作配合慢慢吐气）；头慢慢转回，右手放回在右脚面上，身体微右转，左手叠放在右手上（此动作为吸气）；慢慢吐气，头用力向后看，左侧后背充分拉开；身体转成正方向，起身。重复此动作9～15组。（图6-2-5）

图6-2-5

六、背颤七星

【预备姿势】自然站立，两脚并拢或微分开，比肩略窄，双手自然放在体侧。

【动作过程】调整呼吸，双手直臂向前挥摆约到胸的高度，自然下落并向身后挥摆，手臂到体侧时屈腕勾手同时提踵（此动作为吸气）；快速呼气，同时重心下落，用后脚跟砸击地面，振颤身体，双手顺势直臂前摆，完成一个动作循环。连续做此动作，共7次。（图6-2-6）

图6-2-6

第七章　养神功

“神”是汉语常用字，始见于西周金文。其古字形由表示祭台的“示”和表示雷电的“申”构成（图7-0-1）。神字的本义是天神，泛指人们身体上的精神和虚无缥渺的神灵。神由精神、神灵引申为异乎寻常的、不可思议的，如神速、神奇；又引申为注意力、精力，如劳神、伤神；又引申为表情，如神情、神采。

图7-0-1

在很多古书中对“神”有较多表述，如《书·大禹谟》：“乃圣乃神。”《孔传》：“圣无所不通，神妙无方。”《易·系辞》：“阴阳不测之谓神。”王弼云：“神也者，变化之极，妙万物而为言，不可以形诘。”《孟子》：“圣而不可知之谓神。”

擒拿养神功主要是指善养我们的精神，主要功法有静坐、站桩和读经品典等。精神好像看不见、摸不着，我们可以把神理解成“心理表征”，它是心理学中的一个名词，是在思考和处理事物时应对的心理结构。当你面对一个对手或一件事情时，能够快速调出身体中的一些认知结构，从而在解决问题上更高效、更正确。例如，专业级的选手和普通的选手，天才级的人物与普通水平的人物，看问题的心理表征是有天壤之别的。对于擒拿来讲，绝大部分的功法、技法、心法也都是为养神服务的。

第一节 静坐

“静坐”又称禅修、打坐，是佛教、道家和儒家中都存在的一种基本修炼方式。我国传统的静坐，最早可追溯到五千年前的黄帝时代。据《庄子》一书记载，黄帝曾向广成子询问长寿之道，广成子说：“无视无听，抱神以静，形将自正。必静必清，无劳汝形。无摇汝精，乃可长生。目无所视，耳无所闻，心无所知，汝神将守形，形乃长生。”

以上这段精辟的论述是长生之道的原则，也是静坐的真实感受。静坐既可养身延寿，又可开慧增智，所以佛家及道家、儒家、瑜伽术对静坐都很重视。儒家有说：“知止而后有定，定而后能静，静而后能安，安而后能虑，虑而后能得。”佛家讲：“由戒生定，由定发慧。”老子有云：“静为躁君”“致虚极，守静笃。”

一、静坐的优势

美国哈佛大学教授和马里兰州大学哈里博士经五年研究后说：“冥思静坐可对视力、血压、认识功能的激素水平提高大有好处，另可治疗许多不治之症和心脏病、关节炎等慢性病。”

美国耶鲁大学医学院外科医生伯尼·塞格尔也认为：“沉思冥想是松弛思想的行动，可治视为绝症的艾滋病和癌症。”

另外，科学家还发现，静坐时大脑中出现的大量α波，可很明显地促进一种荷尔蒙激素的增长，从而会使血管扩大和血液畅通，会使人体组织细胞进行新陈代谢不可缺少的物质——三磷酸腺苷明显增高，会大大增加人体的免疫功能。

美国伊利诺斯大学的科学家们对40名学生进行静坐生理实验观察表明：只要静坐5～10分钟，人的大脑耗氧量就会降低17%，而这个数值相当于深睡7个小时后的变化，同时发现，受试者血液中被称为“疲劳素”的乳酸浓度，也在不同程度上有所下降。

二、静坐姿势

静坐的姿势历来相传有百种之多，但姿势还只是形式，静坐的目的是让心安住，让心安住的最好办法就是让身体保持稳定的姿势。如果在日常生活中，当我们开车、开会时，我们只要挺直脊背，让身体尽可能保持舒坦放松即可。

1. 正坐

正坐在日常生活中较为常用，要点是使脊背直竖，使脊背每个骨节犹如算盘珠子一样的叠竖，但不可过于用力。双脚自然垂竖也可以交叉叠放，两肩微张，平整适度为佳，舌轻抵上腭。（图7–1–1）

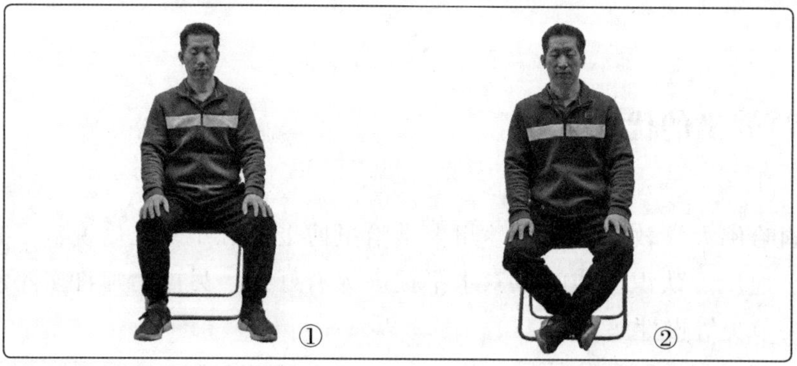
① ②

图7–1–1

2. 散盘（散坐）

散坐对于静坐初学者是很好的入门姿势，盘腿可以减慢血液循环，使心容易入静入定。四肢缩，心易宁，四肢舒，心易散。散坐时可以把臀部垫高，两小腿自然交叉放于大腿下，或者一上一下。（图7–1–2）

图7-1-2

3. 单盘

单盘主要有两种方法：第一种是只将左腿置于右大腿上，不需再将右腿置于左腿上；第二种是右腿置于左大腿上，不需再将左腿置于右腿上。这两种坐法较双盘有缺点，因左右膝盖会落空，身体易左右倾斜。（图7-1-3）

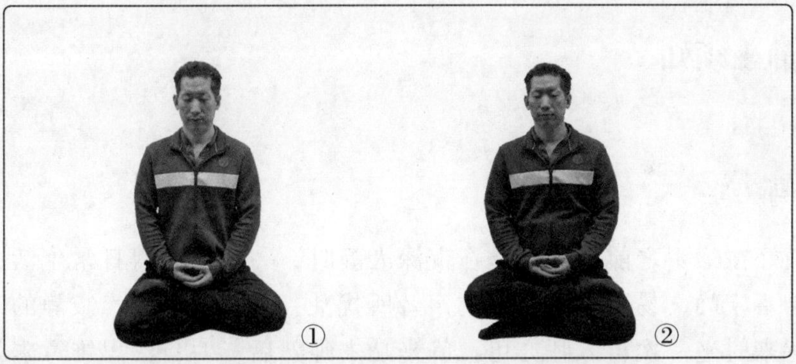
图7-1-3

4. 双盘

双盘坐法，建议大家参学“七支坐法”，它是静坐最理想的坐姿。第一支：双足跏趺；第二支：脊直；第三支：肩张；第四支：脐下定印；第五支：头正；第六支：双眼微闭；第七支：舌抵上腭。其中第四支脐下定印是结三昧印，就是正定手

印，两掌心向上，右手在上，放在左手上面，两拇指轻轻相抵，自然放在肚脐下面。（图7-1-4）

图7-1-4

坐毕，将起时，先用两手掌互相摩擦，使手掌发热，搓两眼，再加干洗脸，手指梳头，双手叠掌，向上撑，微摇动身体，然后放足，双手轻搓膝关节，缓缓起立。

三、静坐须知

1. 时间

静坐最好在黎明之前，其次是在夜深人静时，一是不妨碍日常生活，二是因初学的人心神不宁静，易为外界喧杂的声音所扰乱，因此早晚人声寂静的时候比较适宜，尚有醒来时坐一次再入睡亦可。静坐功夫纯熟后，对自已思维意志就会有极大的操纵力，虽在闹市，亦能不被外境所扰。每日抽出时间，静坐多次，每次不必太长时间，两三分钟即可，养成静坐习惯后，必见功效。

2. 身心

静坐时空气要流通，但注意不要受凉，尤其是后脑、膝盖、脊柱。非常疲劳时就要休息，不可以坐代睡。久坐有术之人，方可以坐代睡。食不可过饱，过饱百脉不通；也不可过饥，过饥精神不振。身体觉冷，用毛巾被衣服等盖之，若有出汗则以干毛巾擦净。

坐时不免有外界音响入耳，或念头满脑，或喜怒哀乐等情绪满心，这时应勿起厌烦心、分别心，不去理睬它。如同你站在火车站，火车来来去去，但你不上车，不受其影响，这是最妙的对治方法。功夫长久后，会有全身舒松，调息柔和自然，心情舒畅，怡然自得，精神愉快，神态从容自若，断灭一切杂念，达到静水无风、秋月无云、清彻洞明、恬淡虚无的境界。

3. 环境

静坐最好选择明亮、安静、通风、干燥的地方。初学者最好在室内静坐，静坐之处不可过亮，过亮心易浮动；也不可过于暗，过暗心易昏沉。进阶者，除了室内静坐外，可到郊外或山上空气新鲜的地方静坐。

静坐若无清闲幽静之处，在嘈杂的地方用功，也是可以的，毛泽东就有在嘈杂环境看书的轶事。面对喧闹环境，易生讨厌、恐惧之念，应一心照顾功夫，如是练习日久，则身处闹处一样可以入静，正如："视而不见，听而不闻，食而不知其味。"

4. 体验

初学静坐，两腿会觉麻木酸痛，杂念也会比不坐时更多，难以收摄，这是正常现象，静坐日久，酸痛自会消失，妄想也可控制。舌抵上腭，坐到相当时候，口中唾液源源而来，可缓缓咽下，这是因身中团聚的热力促进腺体分泌的缘故。古人称口水为"金津玉液""玉液金丹"或"长生药酒"等，是静坐得法的良好体现。

静坐后经常出现的主观感受有：头脑清醒、情绪稳定、心情舒畅、精神安定，全身或某些部位出现温热、清凉、肌肉跳动、轻浮、重坠、松弛、紧缩、热气感、电流通过感，皮肤有蚁爬感或麻软舒适等感觉。应对这些感受的总体原则也是勿起厌烦心，勿起分别心，不受其影响，这是最好的对治方法。

第二节　桩功

站桩是中国武术体系中的一个重要组成部分，即身体以一种姿势，像木桩一样保持不动。正所谓："未习拳，先站三年桩""无腰无马不成功夫""大动不如小动，小动不如不动，不动之动乃是生生不已之动"。站桩，也就是桩功，是中国武术区别于西方搏击术的一大特色，是中国武术所特有的一项功法练习。桩功更着重于"内功"，即内部机能的调整和精神的培养。桩功在各拳种中形式各异，如我国南方武术中称为"扎马"，形意拳中称为"三体式"，大成拳把大部分时间都放在站桩上，并在站桩的基础上进行试力、走步、发力等深化性训练。

站桩按形式可以分为卧桩、坐桩和立桩，有些拳种把行桩也放在站桩的形式中。如果按照练习目的，可以把站桩分为技击桩、养生桩；按照门派也可以分为峨眉桩法、武当桩法、少林桩法等。

一、桩功的好处

桩功有九大功能：（1）大量增氧；（2）加深腹式呼吸；（3）增强脑力；（4）协调生理七大系统；（5）提高新陈代谢能力；（6）动员大量肌群并增强肌肉；（7）增强免疫力；（8）增加燃脂能力；（9）使身体、精神、灵魂相融合。

从站桩与跑步的对比分析入手，可以从一些细节看出站桩的好处。（表2）

表2　站桩与跑步的对比

项目	站桩	跑步
（1）心率	养生桩90次/分	150次/分
（2）呼吸率	4.3次/分	25次/分
（3）耗氧率	66.7%	44.4%
（4）耗氧器官	脑、心、肝、肾	腿部肌肉
（5）整体效应	增强	适度增强
（6）减肥效果	良好	良好
（7）精神放松	佳	良
（8）入静养神	佳	无

注：上表中的数值仅仅是小范围的统计数值，但能说明一些问题。

跑步时气喘吁吁，呼吸急促，当然无法进行深呼吸；心率150次/分，明显过高；呼吸25次/分，亦显急促；循环、呼吸两系统产生矛盾，无法协调。再看站桩，不但能维持适当的心率90次/分，而且呼吸降至4.3次/分，这是绝大多数的现代运动都无法达到的，站桩还能使循环、呼吸及神经（入静）等系统有机地协作。

跑步时呼吸增加、心跳加快，这增加的氧气都供应到身体的哪些部位去了呢？毫无疑问，腿部肌肉消耗了绝大部分的氧。因为腿部肌肉快速运动，它对氧的需求，超过了平静时的百倍，所以没有多少氧剩下来供应其他器官。

站桩时虽然腿肌也在工作，但耗氧有限，大部分增加的氧气会用来供应脑、心、肝、肺、肾等急需氧的器官。这就是站桩能创造健康奇迹的根本原因。

站桩除了包含跑步所具有的运动肌肉、增强呼吸量、增强循环能力的功能外，还另有放松精神、大脑入静、冥想养神的特殊功能。正如两千多年前，祖国医学经典《黄帝内经·素问·上古天真论》有云:“上古有真人者，提挈天地，把握阴阳，呼吸精气，独立守神，肌肉若一，故能寿敝天地，无有终时，此其道生。”

二、基本桩功

1. 混元桩

【动作要求】百会穴虚虚向上领起。目视前方，默立，调身、调息、调心，放松身体，平稳呼吸，心态平和。头放正，下颌略内收，两臂屈抱于胸前或腹前，两手与肩同宽，五指自然撑开，手心向内，双手距离约10厘米，两拇指向上，其余各指相对，双臂内抱外撑。两脚与肩同宽，稍微屈膝似蹲、似坐，脚似扎根。膝关节屈曲角度不同，决定混元桩为高姿、中姿和低姿。初练者一般取高姿，肩膀要放松，不要耸起来。肘低于肩膀约三指。沉肩坠肘，含胸拔背。臀部如坐高椅，足趾轻轻抓地，足心含空。（图7-2-1①）

【基本意念】从头顶开始检查，逐一放松周身，直至双膝、双脚踝，而双脚稳稳地踩在地上。反复检查、调整并体会节节放松、节节对正的感觉。此时的放松，不是松散、软塌塌，而是周身是一个整体，处于一种“似松非松，将展未展”的状态。体会虚领顶劲、沉肩坠肘、含胸拔背、松腰敛臀、立身中正、心静体松等要领，体会气沉丹田、身备五弓等感觉。（图7-2-1②）

图7-2-1

2. 翔龙桩

【动作要求】扭头回视，如神龙九天翱翔、俯视苍穹之态；右手前撑，左手后撑，双手臂对拉拔长，如神龙亮爪；左脚在前，微扣，屈左膝，右脚在后，右腿蹬直，脊椎拧旋撑拔。（图7-2-2）

图7-2-2

【基本意念】云从龙兮又从风，乘云腾雾游长空。强调周身放松，内心安静，体会丹田充实、身备五弓等感觉。

3. 一字桩

【动作要求】百会虚虚向上领起。默立，两脚开立，比肩略宽，头放正，下颌略内收，两臂在体侧平伸，五指用力向外延伸，把手臂拉成一字。肩膀拉开，沉肩坠肘。（图7-2-3①）

一字桩还有另一种站姿。左脚在左前，脚尖微内扣，屈左膝；右脚在后，右腿蹬直；身体左转；右手臂前伸，左手臂后伸，两手用力向外延伸，把手臂拉平成一字。目视后方。（图7-2-3②）

① ②

图7-2-3

【基本意念】调心调息调身，放松身体，平稳呼吸，心态平和。

4. 意搏桩

【动作要求】以左式为例。左脚在前，右脚在后，重心偏重于右后腿，屈膝半蹲，上体自然防守，保持立身中正。双手臂屈，抱于胸前，左臂在前，右臂在后，双手自然撑开，手心向内。意搏桩的重点在于意念，如手法可意想刁拿锁扣、撕拉拧裹等，身法可意想前冲后撞、左突右靠的技法。（图7-2-4）

【基本意念】周身放松，注意力集中。保持姿势，可以用微小的运动来配合多种技击技术的意念。

图7-2-4

三、站桩的要领

桩功要领的大原则是松、静、自然。

松，就是说在保持正确姿势的前提下，尽可能地放松。静，就是在站桩过程中，尽量地保持意识的安静或专一。当然，也最好保持环境的安静，以免影响心神专一。自然，就是在锻炼过程中，严格按照功法要求操作，越是自然越好，不要人为地强加力量、意念以助呼吸及体内气血运行。

在历史的传承过程中，人们为了便于记忆，总结了一套简单有效的专业术语，如头顶虚悬、双目垂帘、舌顶上腭、含胸拔背、沉肩坠肘、虚腋开胯、舒指松腕、尾闾中正、气沉丹田等。我们依然用这些人们耳熟能详的口诀俗语，来简要说明站桩对全身姿势细节的要求。

头颈：头顶虚领、虚灵顶悬等，是非常形象的口诀。就是说，头部百会穴好像有根虚拟的绳子把头部轻轻吊悬在空中一样，转动轻灵，不对颈椎产生额外的压力。这样，颈椎也就自然保持了最佳的自然曲度。

面：面带微笑是人体面部肌肉最放松、最自然的表情，面带微笑还能给他人带来良好的感觉，从而也能反馈给自己良好的场能信息。面带微笑能促使自己心情愉悦，保持良好的心态。

眼：在锻炼时，一般讲究先眼光内收（也就是眼光从远望到渐近到收回体内），再双目垂帘，也就是说两眼皮像布帘那样自然垂落下来，不加紧闭的意念。保持这种自然垂帘的状态，能够使目光不外散，也就不容易受到外界诱惑而保持心神内敛。

舌：站桩初始阶段，无需刻意舌顶上腭，只要自然放松即可。锻炼到一定程度时，可以做舌顶上腭的动作。此时会有舌下津液泉涌的现象，分小口汩汩有声地咽下。

肩：沉肩其实就是把肩部拉长，就是肘部向外或向下拉远，也就是把肩臂拉长的那种感觉，这时肩峰处的肩臂骨交接处会出现一个凹。

腋：有张腋、虚腋、开腋等说法，其实就是要求腋下不要紧夹，要放松腋部，好像空虚能放下一个小气球。其实“沉肩坠肘”做好了，就可以体会到虚腋的感觉。

肘：坠肘非常重要，不管摆什么姿势，手臂在什么位置，都要有外展下坠的意念或趋势，在拉开肩臂筋肉的同时，肘关节有下垂的感觉。

腕：平直放松。在特殊的桩功锻炼时，有立腕、蹋腕的要求。

指：五指自然舒展伸直即可，不要用力挺直。

胸：含胸拔背。尽量把手臂、手指放长，肩胯有向前合拢的趋势，左肩和左胯合拢，右肩和右胯合拢，也就是身体在矢状轴纵向弯曲的趋势。这里所说的趋势，就是有一点点意向和趋向，而不是用力达到那样的效果。含胸是为了胸部更好地放松。

背：拔背是指站桩时，后背向上下左右四面拔开的感觉。虚灵顶悬是有向上的意识，气沉丹田有向下的意识，沉肩坠肘有左右拉开的意识。

腹：小腹也就是下丹田需要放松。站桩的功夫日深，小腹慢慢感到充实，胸部慢慢感到空旷，这就是道家和武学中常说的宽胸实腹。

裆：圆裆并不是姿势低，裆部要有撑圆的趋向或意念。

膝：屈膝的程度，以膝盖不超过脚尖为宜。

脚：脚踏实地，不用拙力。一般的桩法讲究两脚平行向前，但是有些特殊的桩法会有不同的角度。身体重心落在脚上，根据不同的桩法要求，落点也不太一致，有的要求在涌泉一带，也就是脚的偏前1/3左右，也有的要求重心落在脚后跟或偏后面。

趾：自然落地。有些特殊的桩法要求用力扒地，或者配合呼吸时而抓地、时而放松。

腿：由于屈膝后，参与承担体重的筋骨肌肉更多，对腿的要求是紧中求松，在保持姿势的前提下尽可能地放松。

呼吸：一般要求自然呼吸，关注呼吸，但不需人为加强、改变呼吸的状态。除非在特殊功能的锻炼方法中，才会有特殊的呼吸锻炼方法。

精神：传统功法锻炼无一例外地要求精神安静、情绪放松、意念专注，保持一种超脱怡然的心态。在情绪剧烈变动的时候，不要进行站桩锻炼。

四、站桩的时间

不追求一次太长时间，一天一次或两次，早中晚都可以；不必贪多，时间长短以自己不劳累为宜，但又要有点强度，站到自己全身发热、出微汗最好。站之前，先排大小便，喝一杯温开水。空腹时可以站桩，饭后要过一个小时才能站桩。

站桩初学者不要坚持太久，容易损伤膝盖，姿势也不可以太低。

例如，可以从5分钟开始，慢慢坚持并增加，每个人不用纠结站桩时间的长短。当你只能站一分钟的时候，站一分钟就好；如果能站10分钟了，就站10分钟。一般人的时间进度是，经过一个月的练习，混元桩能坚持到20分钟左右；3个月左右，可以保持在30分钟的水平；3个月到半年，保持在45分钟的水平；半年到一年，可达60分钟，然后保持就可以了。女性朋友每次练习的时间可以适当减少一些，视身体状况而定，量力而行，千万不要过度，长期坚持站下去，好处自然而来。

第三节　品读经典

经典是指具有典范性、权威性且经久不衰的万世之作。各个行业都有最能表现行业精髓的、最具有代表性的最完美的作品。如中国乐曲中的《高山流水》，西方美术的《蒙娜丽莎》，思想经典中儒家的《论语》、道家的《道德经》、佛家的《心经》等。

“粗缯大布裹生涯，腹有诗书气自华。”经典中蕴含着万古不变、放之四海而皆准的真理，字字珠玑。品读经典如同聆听圣贤的教导，能够唤醒我们的本性智慧，善养我们的内在精神。

一、擒拿技理经典口诀

无极诀

形须神立，气（炁）盈乃壮。善行气者，内以养身，外以卻恶。故，欲九重者，守真抱一，专气致柔，镇以恬素。敛神于静寂，反听内视。引三景于明堂，采灵液于金梁。气吸宝华，浴神太清，外除五曜。竖玉钥于命门，凝澄泉于丹田，引紫华循五城，养灵根于冥钧，拘（抅）魂制魄，骨填体轻。方练三才而足力，习八卦而得技，明七星而致理，通九宫而得法。循次不可违。（图7–3–1、图7–3–2）

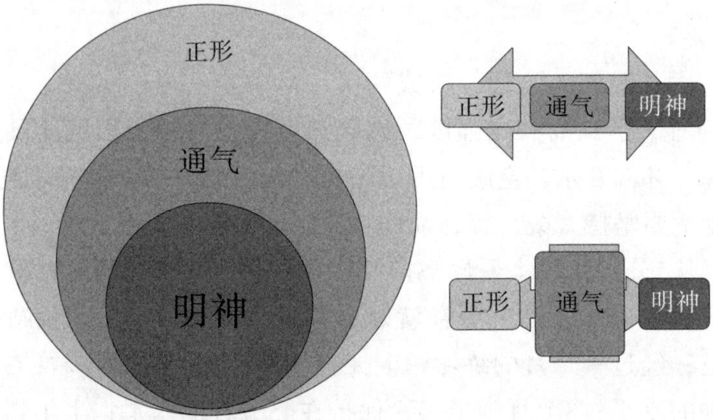

图7–3–1

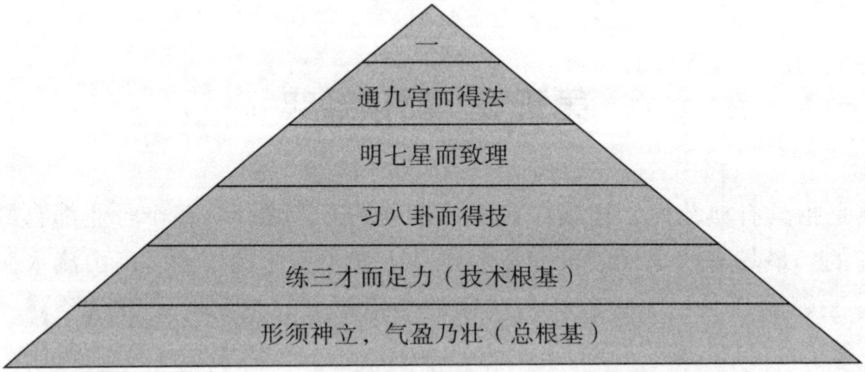

图7–3–2

注： 为了能让读者更深入了解擒拿经典口诀的内涵，特制作一些简图与同仁分享。

四象诀

道，一而二，寓四象。四定为根，阴阳为本。凡技，必阴阳相涵，循三才而迁，遵四技而化。迁不变，化则变焉，循以无终。唯，刚柔互抱，虚实相间，四法并行。周流圆活，乃得天地之机，终道一。（图7-3-3、图7-3-4）

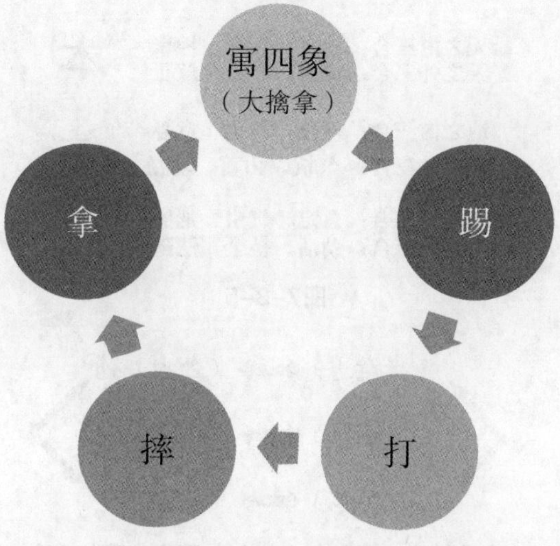

图7-3-3

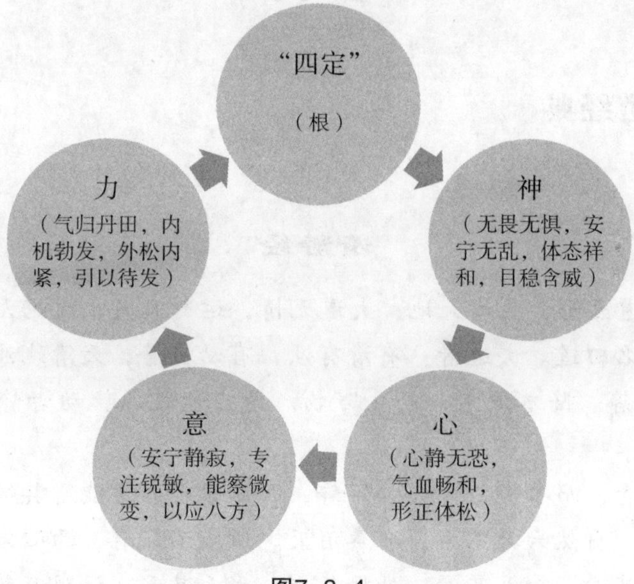

图7-3-4

六合诀

行功，必明三才之六合，为筑基之本源。天者：精气神、身心意，为基、为本。地者：神形意、气力功，为体、为枢。人者：意气形、劲技法，为用、为法。本体用、天地人，三纲定位，相生相合，六合融盈。内外兼修，此为武技之根本。人焉不知。（图7-3-5、图7-3-6）

天之内三合：精足、气行、神聚
天之外三合：身松、心静、意正　　本

地之内三合：神旺、形正、意静
地之外三合：气沉、力蓄、功稳　　体

人之内三合：意定、气引、形圆
人之外三合：劲活、技全、法随　　用

图7-3-5

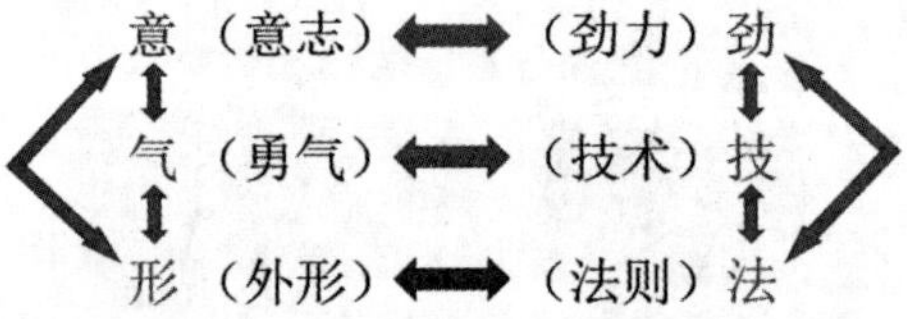

人之内三合：意与气合，气与形合，形与意合

人之外三合：劲与技和，技与法和，法与劲合

图7-3-6

二、儒释道经典

清静经

老君曰：大道无形，生育天地；大道无情，运行日月；大道无名，长养万物；吾不知其名，强名曰道。夫道者：有清有浊，有动有静；天清地浊，天动地静。男清女浊，男动女静。降本流末，而生万物。清者浊之源，动者静之基。人能常清静，天地悉皆归。

夫，人神好清，而心扰之；人心好静，而欲牵之。常能遣其欲，而心自静，澄其心，而神自清。自然六欲不生，三毒消灭。所以不能者，为心未澄，欲未遣也。能遣之者，内观其心，心无其心；外观其形，形无其形；远观其物，物无其物。三者既悟，唯见於空；观空亦空，空无所空；所空既无，无无亦无；无无既无，湛然常寂；寂无所寂，欲岂能生？欲既不生，即是真静。真常应物，真常得性；常应常静，常清静矣。如此清静，渐入真道；既入真道，名为得道，虽名得道，实无所得；为化众生，名为得道；能悟之者，可传圣道。

注：《清静经》全称《太上老君说常清静经》，成书前皆为口口相传，不记文字，直至东汉年间，葛玄（164-244年）笔录而成书；道教经典之一。经末附仙人葛翁、左玄真人、正一真人跋语。

仙人葛翁曰：吾得真道，曾诵此经万遍。此经是天人所习，不传下士。吾昔受之于东华帝君，东华帝君受之于金阙帝君，金阙帝君受之于西王母。西王母皆口口相传，不记文字。吾今于世，书而录之。上士悟之，升为天官；中士修之，南宫列仙；下士得之，在世长年。游行三界，升入金门。

左玄真人曰：学道之士，持诵此经者，即得十天善神，拥护其神。然后玉符保神，金液炼形。形神俱妙，与道合真。

正一真人曰：人家有此经，悟解之者，灾障不干，众圣护门。神升上界，朝拜高尊。功满德就，相感帝君。诵持不退，身腾紫云。

青天歌

元 · 邱长春

青天莫起浮云障，云起青天遮万象。万象森罗镇百邪，光明不显邪魔旺。
我初开廓天地清，万户千门歌太平。有时一片黑云起，九窍百骸俱不宁。
是以长教慧风烈，三界十方飘荡澈。云散虚空体自真，自然现出家家月。
月下方堪把笛吹，一声响亮振华夷。惊起东方玉童子，倒骑白鹿如星驰。
逡巡别转一般乐，也非笙兮也非角。三尺云璈十二徽，历劫年中混元所。
玉韵琅琅绝郑音，轻清遍贯达人心。我从一得鬼神辅，入地上天超古今。
纵横自在无拘束，必不贪荣身不辱。闲唱壶中白雪歌，静调世外阳春曲。
我家此曲皆自然，管无孔兮琴无弦。得来惊觉浮生梦，昼夜清音满洞天。

百字铭

唐 · 吕洞宾

养气忘言守，降心为不为，动静知宗祖，无事更寻谁。
真常须应物，应物要不迷，不迷性自住，性住气自回。
气回丹自结，壶中配坎离，阴阳生反复，普化一声雷。

白云朝顶上，甘露洒须弥，自饮长生酒，逍遥谁得知。

坐听无弦曲，明通造化机，都来二十句，端的上天梯。

注：吕洞宾（798—？），唐代，姓吕，名岩，字洞宾。传说百字铭为吕洞宾的作品。

南怀瑾评析：“那个时候，道家出了吕纯阳，等于禅宗出了一个六祖。如何炼得健康长寿，可参考吕纯阳的百字铭，这是释、道、儒三家最好的东西。

这二十句话，一句五个字，共有一百字，所以叫百字铭。这二十句由普通人开始，修到长生不老，乃至超凡入圣，都说完了。每一句都是功夫，都是见地。”

灵源大道歌

宋·曹文逸

我为诸君说端的，命蒂从来在真息。照体长生空不空，灵鉴涵天容万物。

太极布妙人得一，得一善持谨勿失。宫室虚闲神自居，灵府煎熬枯血液。

一悲一喜一思虑，一纵一劳形蠹弊。朝伤暮损迷不知，丧乱精神无所据。

细细消磨渐渐衰，耗竭元气神乃去。只道行禅坐亦禅，圣可如斯凡不然。

萌芽脆嫩须含蓄，根识昏迷易变迁。磋跎不解去荆棘，未闻美稼出荒田。

九年功满火候足，应物无心神化速。无心心即是真心，动静两忘为离欲。

神是性兮气是命，神不外驰气自定。本来两物更谁亲，失却将何为本柄。

混合为一复忘一，可与元化同出没。透金贯石不为难，坐脱立亡犹倏忽。

此道易知不易行，行忘所行道乃毕。莫将闭息为真务，数息按图俱未是。

比来放下外尘劳，内有萦心两何异。但看婴儿处胎时，岂解有心潜算计。

专气致柔神久留，往来真息自悠悠。绵绵迤逦归元命，不汲灵泉常自流。

三万六千为大功，阴阳节候在其中。蒸融关脉变筋骨，处处光明无不通。

三彭走出阴尸宅，万国来朝赤帝宫。借问真人何处来，从前元只在灵台。

昔年云雾深遮蔽，今日相逢道眼开。此非一朝与一夕，是我本真不是术。

岁寒坚确知金石，战退阴魔加慧力。皆由虚淡复精专，便是华胥清静国。

初将何事立根基，到无为处无不为。念中境象须除拔，梦里精神牢执持。

不动不静为大要，不方不圆为至道。元和内炼即成真，呼吸外求终未了。

元气不住神不安，蠹木无根枝叶干。休论涕唾与精血，达本穷源总一般。

此物何曾有定位，随时变化因心意。在体感热即为汗，在眼感悲即为泪。

在肾感念即为精，在鼻感风即为涕。纵横流转润一身，到头不出于神水。
神水难言识者稀，资生一切由真气。但知恬淡无思虑，斋戒宁心节言语。
一味醍醐甘露浆，饥渴消除见真素。他时功满自逍遥，初日炼烹实勤苦。
勤苦之中又不勤，闲闲只要养元神。奈何心使闲不得，到此纵擒全在人。
我今苦中苦更苦，木食草衣孤又静。心知大道不能行，名迹与身为大病。
比如闲处用功夫，争似泰然坐大定。形神虽曰两难全，了命未能先了性。
不去奔名与逐利，绝了人情总无事。决烈在人何住滞，在我更教谁制御。
掀天声价又如何，倚马文章非足贵。荣华衣食总无心，积玉堆金复何济。
工巧文章与词赋，多能碍却修行路。恰如薄雾与轻烟，闲傍落花随柳絮。
缥渺幽闲天地间，到了不能成雨露。名与身分竟孰亲，半生岁月大因循。
比来修炼赖神气，神气不安空苦辛。可怜一个好基址，金殿玉堂无主人。
劝得主人长久住，置在虚闲无用处。无中妙有执持难，解养婴儿须藉母。
缄藏俊辩黜聪明，收卷精神作愚鲁。坚心一志任前程，大道于人终不负。

定性书——答横渠张子厚先生书

宋·程明道

承教，谕以“定性未能不动，犹累于外物”，此贤者虑之熟矣，尚何俟小子之言！然尝思之矣，敢贡其说于左右。

所谓定者，动亦定，静亦定；无将迎，无内外。

苟以外物为外。牵己而从之，是以己性为有内外也。且以己性为随物于外。则当其在外时，何者为在内？是有意于绝外诱，而不知性之无内外也。既以内外为二本，则又乌可遽语定哉？

夫天地之常，以其心普万物而无心，圣人之常，以其情顺万物而无情，故君子之学，莫若廓然而大公，物来而顺应，《易》曰：“贞吉悔亡，憧憧往来，朋从尔思。”苟规规于外诱之除，将见灭于东而生于西也。非惟日之不足，顾其端无穷，不可得而除也。

人之情各有所蔽，故不能适道，大率患在于自私而用智，自私则不能以有为为应迹，用智则不能以明觉为自然。今以恶外物之心，而求照无物之地，是反鉴而索照也。《易》曰：“艮其背，不获其身。行其庭，不见其人。”孟氏亦曰：“所恶于智者，为其凿也。”与其非外而是内，不若内外之两忘也。两忘则澄然无事矣。无事则定，定则明，明则尚何应物之为累哉？

圣人之喜，以物之当喜，圣人之怒，以物之当怒，是圣人之喜怒不系于心，而系于物也。是则圣人岂不应于物哉？乌得以从外者为非，而更求在内者为是也。今以自私用智之喜怒，而视圣人喜怒之正为何如哉？

夫人之情，易发而难制者，唯怒为甚。第能于怒时，遽忘其怒，而观理之是非，亦可见外诱之不足恶，而于道亦思过半矣。

心之精微，口不能宜，加之素拙于文辞，又吏事匆匆，未能精虑，当否，伫报。然举大要，亦当近之矣。道近求远，古人所非，惟聪明裁之。

乐学歌

明·王艮

人心本自乐，自将私欲缚。私欲一萌时，良知还自觉。
一觉便消除，人心依旧乐。乐是乐此学，学是学此乐。
不乐不是学，不学不是乐。乐便然后学，学便然后乐。
乐是学，学是乐。
於乎！天下之乐，何如此学。天下之学，何如此乐。

心经

观自在菩萨，行深般若波罗蜜多时，照见五蕴皆空，度一切苦厄。

舍利子！色不异空，空不异色；色即是空，空即是色；受想行识，亦复如是。

舍利子！是诸法空相，不生不灭，不垢不净，不增不减。

是故空中无色，无受想行识，无眼耳鼻舌身意，无色声香味触法，无眼界，乃至无意识界。无无明，亦无无明尽，乃至无老死，亦无老死尽。无苦集灭道，无智亦无得。

以无所得故，菩提萨埵，依般若波罗蜜多故，心无挂碍。无挂碍故，无有恐怖，远离颠倒梦想，究竟涅槃。

三世诸佛，依般若波罗蜜多故，得阿耨多罗三藐三菩提。

故知般若波罗蜜多，是大神咒，是大明咒，是无上咒，是无等等咒，能除一切苦，真实不虚。

故说般若波罗蜜多咒，即说咒曰：揭谛揭谛，波罗揭谛，波罗僧揭谛，菩提萨婆诃。

三、诗词、对联等经典

1. 诗词

（1）三伏闭门披一衲，兼无松竹荫房廊。安禅不必须山水，灭得心中火自凉。（唐·杜荀鹤）

（2）饥来吃饭倦来眠，只此修行玄更玄。说与世人浑不信，却从身外觅神仙。（明·王阳明）

（3）人人自有定盘针，万化根源总在心。却笑从前颠倒见，枝枝叶叶外头寻。（明·王阳明）

（4）个个人心有仲尼，自将闻见苦遮迷。而今指与真头面，只是良知更莫疑。（明·王阳明）

（5）身是菩提树，心如明镜台，时时勤拂拭，勿使惹尘埃。（唐·神秀禅师）

（6）菩提本无树，明镜亦非台，本来无一物，何处惹尘埃。（唐·慧能禅师）

（7）佛在灵山莫远求，灵山自在汝心头。人人有座灵山塔，好向灵山塔下修。（出处不详）

（8）手把青秧插满田，低头便见水中天。心地清净方为道，退步原来是向前。（唐·布袋和尚）

（9）一兔横身当古路，苍鹰一见便生擒。可怜猎犬无灵性，只向枯桩境里寻。（宋·雪窦禅师）

（10）半亩方塘一鉴开，天光云影共徘徊。问渠那得清如许？为有源头活水来。（宋·朱熹）

（11）为爱寻光纸上钻，不能透处几多般。忽然撞着来时路，始觉半生被眼瞒。（宋·释守端）

2. 对联

（1）上联：若不撇开终是苦

下联：各能捺住始成名

（2）上联：发上等愿，结中等缘，享下等福

下联：择高处立，就平处坐，向宽处行

（3）上联：宠辱不惊，看庭前花开花落，去留无意

下联：沉浮莫叹，知天上云卷云舒，聚散任风

（4）上联：开口便笑，笑古笑今，凡事付之一笑

下联：大肚能容，容天容地，与人何所不容

（5）上联：气忌躁，言忌浮，才忌露，学忌满

下联：胆欲大，心欲细，智欲圆，行欲方

（6）上联：竹本无心，节外偏生枝叶

下联：藕虽有孔，胸中不染尘埃

（7）上联：知者不惑，仁者不忧，勇者不惧

下联：视其所以，观其所由，察其所安

（8）上联：反己有真修，须留神检到心身界上

下联：立身无别法，务着力打开义理关头

跋

《擒拿基础小功法》是我习武四十多年、从事武术教学工作二十多年来的经验总结和研究精华。它以“手眼身法步，精神气力功”为经纬较为系统地阐述了擒拿功法的内容，且其具体内容多以“易学实用，好坚持，利提升”为原则，是一本可操作性较强的作品。希望能给擒拿爱好者提供一些借鉴和帮助。

2017年，我无意中在擒拿秘籍《九重天》中发现了一种名为“天吊”的擒拿功法练习器材，但因其体积大、构造复杂，不便于在实际的专业武术教学中应用。于是我有了写一本擒拿功法书籍的想法，即在理解“天吊”“地秤”“人字桩”等器材机理的基础上，将其与简易器具相结合，以帮助武术爱好者随时随地练习。

作者与国际关系学院武协成员进行文稿校对工作

经过三年多的努力，这本令我倍加珍重的书籍终于要出版面世了。感谢从小带我进入武术殿堂的父亲刘国良先生和叔父邸国勇先生，他们的言传身教使我获得了对武术真切的感受与热爱；感谢我的授业恩师赵大元先生的谆谆教诲和悉心栽培，让我体会到擒拿的博大与精深；感谢中国武协副主席张山老师、特警教官杜振高先生、太极名家崔仲三先生、什刹海体校张兴正老师、首都体育学院叶伟教授、北京体育大学李印东教授、善撲营传承人何彦忠先生和太极名家史祥志先生等众多武术家的厚爱和激励，在同他们的交流和学习中也或多或少地对本书的完善起到了一定的作用。感谢我众多擒拿师兄弟对我的帮助，感谢国际关系学院武术队队员和学生，高世杰、滕名灏、朱有为、张洵赫、陈朝阳、赵勇翔、马樾、林长钰、李乐怡、王云龙、陈文婧、张书通、林婕雨、齐伟廷、宋祉奇、杜微、张楚涵、何诗涵等同学做了很多动作示范、摄影录像、照片整理、文字修改和录入工作，这本书凝聚着大家的劳动和智慧。

最后我想表达一个祝愿，这个祝愿虽未在书中写明，但蕴含在字里行间：祝中国武术蓬勃发展，祝武术人健康幸福、自信自强！

书中不妥之处，敬请专家、学者、同仁批评指正。

亮鹤（刘明亮）

庚子鼠年冬月于北京 万寿寺